LO MEJOR · VII

LONDRES
DE CERCA

**DAMIAN HARPER, PETER DRAGICEVICH,
STEVE FALLON, EMILIE FILOU**

Cabina telefónica londinense.
PCRUCIATTI/SHUTTERSTOCK©

Sumario

Puesta a punto

Bienvenidos a Londres

Londres tiene algo que ofrecer a todos: desde arte hasta fantásticos museos, arquitectura deslumbrante, esplendor real, diversidad, maravillosos parques y un dinamismo incontenible. Rebosa de historia, pero sin dejar de innovar en cultura y creatividad. Su carácter cosmopolita la convierte en la ciudad probablemente más internacional del mundo, sin perder su esencia británica.

Explorar Londres 41

Merece la pena

Guía práctica 203

Imprescindible

Principales puntos de interés

British Museum

La mayor atracción turística de Gran Bretaña. **p. 88**

CHAOKAI SHEN/SHENHAN/500PX ©

Catedral de St Paul

Símbolo santo de resistencia londinense. **p. 108**

Tate Modern

Una vigorosa declaración de modernidad y renovación arquitectónica. **p. 130**

Natural History Museum

Espacio fascinante con piezas espléndidamente conservadas. **p. 152**

Torre de Londres

Esta imponente fortaleza alberga las joyas de la Corona. **p. 112**

Abadía de Westminster

Lugar sacro de coronación de los monarcas ingleses. **p. 44**

Casas del Parlamento

Nada tan londinense como el Parlamento y el Big Ben. **p. 50**

National Gallery

Una de las mayores colecciones de arte del mundo. **p. 66**

Victoria & Albert Museum

La mayor colección de artes decorativas del mundo. **p. 148**

Palacio de Hampton Court

El palacio Tudor más grandioso de Inglaterra. **p. 198**

IZDA. IR STONE/SHUTTERSTOCK ©; DCHA. TOM GREEN/

IZDA. BENSON HE/SHUTTERSTOCK ©; DCHA. PAJOR PAWEL/SHUTTERSTOCK ©

Palacio de Buckingham

Residencia palaciega de la familia real en Londres. **p. 48**

Royal Observatory y Greenwich Park

Historia, ciencia y asombrosas vistas de Londres. **p. 192**

Dónde comer

En las últimas décadas Londres se ha convertido en un destino culinario excepcional. Chefs de reconocido prestigio se hallan al frente de acreditados restaurantes, pero lo singular es la diversidad: desde la cocina afgana a la zambiana, la ciudad ofrece un completo atlas gastronómico mundial.

Comidas del mundo

Uno de los placeres de comer fuera en Londres es la variedad entre la que elegir. Por motivos históricos, hay mucha cocina india. La cocina asiática en general es muy popular. Abundan los restaurantes chinos, tailandeses, vietnamitas, japoneses y coreanos, y los locales de fusión que mezclan sabores de diferentes partes de Asia. La cocina de Oriente Próximo también está presente, así como la cocina de Europa continental (francesa,

italiana, española, griega y nórdica). Los restaurantes de otras cocinas del mundo se agrupan en los puntos donde se afincan sus comunidades.

Comida británica moderna

Convertida en una cocina en sí misma, defiende productos tradicionales (a veces infravalorados) como los tubérculos, pescado ahumado, mariscos, caza, cordero de marisma, salchichas, *black pudding* (una especie de morcilla rellena

con avena, especias y sangre), entrañas, cortes secundarios de carne y tuétano.

'Gastropubs'

Hasta hace no tanto el pub no era más que un lugar para beber y quizá tomar unas patatas fritas, pero, con el nacimiento de los gastropubs en los años noventa, ahora casi todos los pubs sirven comidas. La calidad varía, desde alimentos congelados hasta otros dignos de una estrella Michelin.

ROBIN STEWART/SHUTTERSTOCK ©

Comida británica

St John Inspirador del renacer de la gastronomía británica. (p. 121)

Dinner by Heston Blumenthal Un canto victorioso a la cocina británica, con acentos tradicionales y modernos. (p. 162)

Launceston Place Magnífica comida, presentación y servicio. (p. 163)

Hook Camden Town El popular *fish and chips,* especialidad británica por excelencia. (p. 176)

Comida europea

Padella Pasta casera en el mercado de Borough. (p. 139)

Club Gascon Cocina del suroeste de Francia. (p. 121)

Tom's Kitchen Espléndido servicio, platos europeos de temporada y triunfo de la sostenibilidad. (p. 162)

Baltic Sensaciones del este de Europa en el plato y en la copa. (p. 144)

Comida india y asiática

Quilon La cocina india más creativa de Londres. (p. 60)

Gymkhana Alta cocina en un espléndido ambiente imperial. (p. 60)

Hakkasan Hanway Place Excelente local cantonés en el West End. (p. 100)

Miyama Una joya de la cocina japonesa. (p. 120)

Kanada-Ya Hay cola para deleitar sus fideos *tonkotsu.* (p. 75)

Consejos

o Muchos restaurantes de alta gama ofrecen menús económicos para el almuerzo.

o El excelente servicio de reserva Open Table (www.opentable.co.uk) ofrece importantes descuentos en restaurantes seleccionados.

Londres en un plato
'Pie and mash'

Puré de patatas, cremoso y bañado en salsa

Liquor: una salsa de vinagre y perejil (o jugo de carne en su lugar)

La empanada: ternera picada según los puristas (permite variaciones)

★ Los mejores 'pie and mash'

M Manze (www.manze.co.uk; 87 Tower Bridge Rd, SE1; principales desde 2.95 £; ⊘ 11.00-14.00 lu, 10.30-14.00 ma-ju, 10.00-14.30 vi, hasta 14.45 sa; ⊖ Borough)

Goddards at Greenwich (⊘ 020-8305 9612; www.goddardsat-greenwich.co.uk; 22 King William Walk, SE10; platos 3.30-7.30 £; ⊘ 10.00-19.00 do-ju, hasta 20.00 vi y sa; ⊞ DLR Cutty Sark)

F Cooke (⊘ 020-7254 6548; 9 Broadway Market, E8; principales 2.70-4£; ⊘ 10.00-19.00 lu-sa; ⊖ London Fields)

'Pie and mash' en Londres

Desde mediados del s. XIX hasta justo después de la II Guerra Mundial, el almuerzo básico para muchos londinenses consistía en un pastel de anguila con especias (las anguilas abundaban en el Támesis) servido con puré de patatas y *liquor*. El relleno básico actual es a base de ternera picada. Estos restaurantes distan de ser lujosos, pero ofrecen una suerte de viaje culinario en el tiempo.

Pastel de carne con guisantes.

Dónde beber y vida nocturna

Basta con echar un vistazo al grabado Gin Lane *de William Hogarth de 1751 para entender que la relación de los londinenses con el alcohol ha sido más que un devaneo pasajero. La ciudad ofrece una gran variedad de locales para tomar un trago, desde acogedores* pubs *de barrio hasta deslumbrantes clubes nocturnos.*

PYMCA/UIG/AGE FOTOSTOCK ©

'Pubs'

El *pub* (*public house* o "casa pública") ocupa el núcleo de la vida social de Londres y funciona como igualador social. Sirven casi de todo, pero la cerveza es la materia prima. Algunos *pubs* se especializan y ofrecen cervezas artesanales locales, cervezas frutales, sidras ecológicas y otras bebidas más raras. Otros, en especial los *gastropubs,* ofrecen contundentes cartas de vinos. La mayor parte de los *pubs* y bares abren de 11.00 a 23.00 de lunes a sábado y hasta las 22.30 los domingos. Algunos *pubs* abren más horas: a menudo hasta las 24.00 y, a veces, hasta la 1.00 o 2.00.

Bares y clubes

Los bares suelen abrir más tarde que los *pubs* pero cierran antes que los clubes. A veces cuentan con DJ y una pequeña pista de baile, cobran entrada después de las 23.00 y tienen una decoración más moderna y bebidas más en la onda (y más caras) que los *pubs.* Para salir de fiesta, Londres peca de exceso de clubes: desde locales legendarios como Fabric a clubes más pequeños con prometedores DJ.

Hay que vestirse para la ocasión (ni vaqueros ni zapatillas) para los clubes elegantes en áreas como Kensington. Más hacia el este, el ambiente es relajado e innovador. Las coctelerías están experimentando un renacer, por lo que existen muchas opciones de lujo que sirven combinados cada vez más interesantes.

PYMCA/UIG/AGE FOTOSTOCK ©

Puesta a punto Dónde beber y vida nocturna

'Pubs'

Edinboro Castle En Primrose Hill, con jardín. (p. 177)

Lock Tavern *Pub* de Camden con terraza en la azotea y música en directo. (p. 177)

Ye Olde Mitre Acogedor pub histórico con una estupenda selección de cervezas. (p. 123)

Windsor Castle En lo alto de Campden Hill Rd (Kensington), con una fantástica cervecería al aire libre. (p. 164)

'Pubs' históricos

George Inn Antigua posada con encanto declarada lugar de interés histórico nacional. (p. 142)

Jerusalem Tavern Reducto del s. XVIII para los aficionados a las *ales.* (p. 124)

Lamb & Flag Local histórico, cautivador y crepitante, cerca de The Strand. (p. 80)

Bares

American Bar Ensueño, sofisticación y *art déco* en el Beaumont Hotel, en el West End. (p. 79)

Sky Pod Cualquier bebida sabe mejor con unas vistas así. (p. 123)

Dukes London Local clásico en el corazón londinense

con los mejores martinis de la ciudad. (p. 60)

Oblix Vistas fascinantes de Londres desde el 32º piso del Shard. (p. 141)

Clubs

Fabric La megadiscoteca más famosa de la capital. (foto superior; p. 123)

Heaven La discoteca gay londinense por excelencia. (p. 80)

Recomendaciones en línea

Consúltese el *Time Out* (www.timeout. com/london) o el *Evening Standard*. Parte del encanto de la vida nocturna de Londres reside en su naturaleza cambiante, así que hay que estar atento.

Londres en una bebida
Pimm's y limonada

Sol, colores y buena compañía

Para un toque adicional, agregar rodajas de limón, lima y pepino

1/4 de Pimm's y 3/4 de limonada

Fresas, naranja y menta fresca (el mínimo esencial)

Vaso largo (es una bebida con clase) y hielo

★ Los tres mejores locales para beber Pimm's

Edinboro Castle (www.edinboro
castlepub.co.uk; 57 Mornington Tce,
NW1; ⊙12.00-23.00 lu-sa, 12.00-
22.30 do; 🛜; ⊖Camden Town)

Spaniards Inn (www.thespa
niardshampstead.co.uk; Spaniards
Rd, NW3; ⊙12.00-23.00; 🛜 🐾;
🚌210)

Windsor Castle (www.thewind
sorcastlekensington.co.uk; 114 Campden Hill Rd, W11; ⊙12.00-23.00
lu-sa, hasta 22.30 do; 🛜; ⊖Notting
Hill Gate)

Pimm's y limonada en Londres

Pimm's, un licor afrutado a base de ginebra, es la bebida estival británica por excelencia: ninguna tarde soleada en una cervecería estaría completa sin un vaso (o una jarra) de ella. Se sirve con limonada, menta y fruta fresca. Casi todos los *pubs* y bares la tienen, pero con todos los ingredientes solo en verano.

La tradicional Pimm's.

ERAINBOW/SHUTTERSTOCK ©

De compras

En Londres hay miles de formas de gastar ese dinero que tanto cuesta ganar, desde pequeños tesoros en tiendas de beneficencia hasta bolsos de lujo. Muchos de los atractivos lugares de compras, como Harrods, Hamleys y el mercado de Camden, se han convertido en visitas obligadas.

EDMUND SUMNER·VIEW/ALAMY STOCK PHOTO ©

Principales cadenas comerciales

Muchos lamentan el hecho de que las cadenas se hayan apoderado de las principales zonas comerciales, dejando al pequeño comercio luchando por sobrevivir. Sin embargo, sus bajos precios, estilo moderno y ubicación conveniente hacen que los londinenses repitan siempre. Junto a las empresas extranjeras conocidas, como Gap, H&M, Urban Outfitters y Zara, se encuentran multitud de cadenas nacionales, como la marca de ropa femenina de lujo Karen Millen (www.karenmillen.com) y el gigante Topshop (http://eu.topshop.com).

Horario comercial

Las tiendas suelen abrir de 9.00-10.00 a 18.00-19.00 de lunes a sábado. La mayoría de los locales del West End (Oxford St, Soho y Covent Garden), Chelsea, Knightsbridge, Kensington, Greenwich y Hampstead abren también en domingo (12.00-18.00, a veces 10.00-16.00). Las tiendas del West End abren los jueves hasta tarde (21.00) y las de Chelsea, Knightsbridge y Kensington lo hacen los miércoles.

Zonas de compras

West End Gran confluencia de nombres importantes para adinerados y bien vestidos.

Knightsbridge Harrods y otros grandes nombres abastecen a los residentes más ricos de Londres.

EDMUND SUMNER-VIEW/ALAMY STOCK PHOTO ©

Centros comerciales

Harrods Llamativo, estiloso y *kitsch*, pero siempre popular. (foto superior; p. 165)

Liberty Mezcla de estilos contemporáneos en un ambiente de imitación Tudor. (p. 84)

Fortnum & Mason La tienda de ultramarinos más antigua de Londres. (p. 83)

Librerías

John Sandoe Books Magnífico personal especializado y excelente surtido en una de las tiendas más encantadoras de Londres. (p. 164)

Hatchards La librería más antigua de Londres (1797), con libros fantásticos y muchos eventos. (p. 83)

Waterstones Piccadilly La mayor librería de Europa, con personal especializado y charlas y firmas de autores. (p. 85)

London Review Bookshop Gran compendio literario de calidad. (p. 104)

Regalos

Penhaligon's Variedad de perfumes y fragancias para el hogar; personal servicial.

(foto superior izquierda; p. 84)

London Silver Vaults Hermosos objetos de plata, desde vajillas a joyas. (p. 125)

Lovely & British *Boutique* de Bermondsey con grabados, joyas y cerámica de diseñadores británicos. (p. 144)

Compras exentas de IVA

En las tiendas con el letrero "tax free", los visitantes de países de fuera de la UE pueden reclamar la devolución del IVA (20%) abonado con la compra. Véase www.gov.uk/tax-on-shopping/taxfree-shopping.

'Souvenirs' de Londres

Música

Londres resulta excelente para comprar discos. Rough Trade East (p. 191), en Spitalfields, es un ejemplo de ello.

Juguetes

Iconos londinenses como los autobuses de dos pisos, los osos Paddington o los soldados con sombreros de piel de oso son magníficos como recuerdo.

Té

La bebida británica por excelencia, con muchos nombres donde elegir. En Fortnum & Mason (foto; p. 83) o Harrods (p. 165) los productos están envueltos con exquisito gusto.

Calzado y ropa 'vintage'

Cualquier hallazgo de moda *vintage* estará siempre asociado a la visita a la ciudad. Se puede empezar por el mercado de Old Spitalfields (foto; p. 191) o el Sunday UpMarket (p. 185), en el East End.

Libros de colección

Londres es el paraíso de los bibliófilos, con numerosas librerías llenas de historia, rebosantes de codiciadas primeras ediciones y tomos firmados difíciles de encontrar. Pruébese en Hatchards (foto; p. 83) o John Sandoe Books (p. 164).

Ocio

La ciudad ha sido líder mundial en teatro desde que un joven de Stratford-upon-Avon abrió aquí una tienda en el s. XVI. Y ya en la década de 1960, experimentó un apogeo que se ha mantenido hasta el presente a través de su escena de pop y rock en directo.

Teatro

Una noche en el teatro es una experiencia tan obligada como la de hacer un viaje en la cubierta superior de un autobús de dos pisos. Theatreland, en el deslumbrante West End –desde Aldwych en el este, pasando por Shaftesbury Ave hasta Regent St en el oeste– tiene una concentración de teatros comparable solo a Broadway, en Nueva York.

Música clásica

Gracias a las múltiples orquestas y bandas de talla mundial, fantásticas salas, precios razonables y espectáculos que abarcan toda la gama musical, la ciudad satisfará incluso al aficionado más exigente de la música clásica.

Sonidos londinenses

Londres produce desde hace mucho sonidos creativos y de vanguardia. Hay música en directo (*rock*, *blues*, *jazz*, folk, lo que sea) todas las noches de la semana en discotecas, *pubs* o pabellones de conciertos.

Teatros

Shakespeare's Globe Auténtico ambiente isabelino al aire libre. (p. 143)

National Theatre Tres salas de vanguardia. (foto; p. 143)

Música clásica y ópera

Royal Albert Hall Sala de conciertos victoriana, al sur de Kensington Gardens. (p. 164)

Royal Opera House Ideal para aficionados al *ballet* clásico y a la ópera. (p. 81)

'Jazz' en directo

Ronnie Scott's Club legendario en Frith St, en el West End. (p. 82)

MILAN GONDA/SHUTTERSTOCK ©

Pizza Express Jazz Club *Jazz* de primera clase en el sótano de este restaurante de una cadena. (p. 81)

Jazz Cafe Todavía exhibe algunas de las mejores *jam sessions* de Londres. (p. 178)

'Rock' y pop en directo

KOKO Fabulosa y deslumbrante sala que ofrece conciertos originales de *indie rock*. (p. 178)

Royal Albert Hall Magnífico, grande y espacioso, pero extrañamente íntimo. (p. 164)

Música en iglesias

Abadía de Westminster Misa vespertina y los conciertos de órgano más exquisitos de la ciudad. (p. 53)

Catedral de St Paul Misa vespertina en su forma más evocadora. (p. 108)

St Martin-in-the-Fields Excelentes conciertos de música clásica, muchos a la luz de las velas. (p. 74)

Danza

Southbank Centre Desde Bollywood al *breakdance*. (p. 137)

The Place La cuna de la danza contemporánea británica. (p. 103)

Entradas reducidas

El National Theatre, el Barbican, el Southbank Centre y la Royal Opera House ofrecen a veces entradas de última hora a precio reducido. Hay que recogerlas en persona el día de la función. Todos los días hay entradas a 5 £ en el Shakespeare's Globe.

Museos y galerías de arte

Los museos y galerías de Londres encabezan la lista de visitas obligadas. Algunos albergan colecciones incomparables que los convierten en líderes reconocidos en su especialidad.

Entrada y acceso

Las colecciones de los museos nacionales (British Museum, National Gallery o Victoria & Albert Museum) son de visita gratuita, salvo las exposiciones temporales. Las galerías privadas suelen ser gratis o baratas y los museos pequeños cobran entrada (5 £ aprox.; algunos ofrecen descuentos en reservas por internet). Las colecciones nacionales suelen abrir de 10.00 a 18.00 y cierran tarde una noche a la semana.

Museos de noche

Las noches son excelentes para visitar museos, ya que hay mucha menos gente. Muchos abren hasta tarde una vez por semana. Algunos organizan actividades nocturnas para ampliar su oferta y presentar la colección en un ambiente distinto. En las webs se pueden consultar las agendas (algunos solo programan actividades nocturnas en mayo).

Museos especializados

Ya se tenga inclinación por los abanicos, el transporte londinense o las técnicas quirúrgicas antiguas, la ciudad rebosa de museos con colecciones específicas y fascinantes.

Colecciones (gratis)

British Museum Colección soberbia de piezas curiosas. (foto; p. 88)

Victoria & Albert Museum Recopilación única de artes decorativas y diseño en una ubicación imponente. (p. 148)

KIEV VICTOR/SHUTTERSTOCK ©

National Gallery Tremenda colección de maestros en su mayoría premodernos. (p. 66)

Tate Modern Arte moderno y contemporáneo en una ubicación maravillosa. (p. 130)

Natural History Museum Un gran éxito entre niños y adultos. (p. 152)

Casas museo

Sir John Soane's Museum Evocador museo rebosante de curiosidades del S. XVIII. (p. 72)

Dennis Severs' House Hogar de una familia de tejedores de seda hugonotes, conservada intacta. (p. 187)

Arquitectura museística

Victoria & Albert Museum Un edificio tan precioso como su variada colección. (p. 148)

Natural History Museum Líneas arquitectónicas propias de un cuento de hadas gótico. (p. 152)

Pequeños museos

Old Operating Theatre Museum & Herb Garret Incursión única y reveladora en las técnicas quirúrgicas de antaño. (p.138)

Museum of Brands, Packaging & Advertising Fascinante colección de marcas de productos a lo largo de la historia, en Notting Hill. (p. 167)

Comer algo

Muchos de los mejores museos también tienen fantásticos restaurantes que son dignos de una visita.

Arquitectura

Londres es una ciudad para explorado-res, llena de joyas arquitectónicas de toda su historia. Si se va con los ojos bien abiertos, se descubrirá, por ejemplo, parte de una muralla romana en la estructura de un edificio posmoderno cerca de St Paul.

Estilo londinense

A diferencia de otras ciudades, Londres nunca tuvo una planificación urbanística metódica y su crecimiento aleatorio ha hecho que conserve reminiscencias arquitectónicas de cada período de su larga historia: un ejemplo es la parte de una muralla romana en la estructura de un edificio contemporáneo cerca de la catedral de St Paul, y otro una casa de la época de la Restauración en un patio cercano a Borough High St.

Iconos modernos

Cheese Grater Inaugurado a mediados del 2014, el Leadenhall, de 225 m de altura y con forma de cuña, se sitúa frente a otro icono, el Lloyd's of London.

The Gherkin Torre de 180 m de altura con forma de bala; se conoce también como 30 St Mary Axe.

Shard El rascacielos (87 pisos) del arquitecto italiano Renzo Piano ofrece impresionantes vistas. (p. 138)

Walkie Talkie Este rascacielos de 37 pisos y 160 m de altura sobresale por todos los lados. (p. 118)

Trellis (1 Undershaft, Bishopsgate) Cuando esté acabado (tras la impresión de esta guía), el 1 Under-shaft (305 m) pasará a ser el más alto de la City.

Arquitectura temprana

Abadía de Westminster Hito titánico en la arquitectura eclesiástica de Londres. (p. 53)

Casas del Parlamento El palacio de Westminster tiene uno de los techos de cercha gótica más bonitos del mundo. (p. 53)

Torre de Londres Leyenda, mito e historia sangrienta convergen en este bastión supremo. (p. 112)

All Hallows by the Tower Una de las iglesias más antiguas de Londres, con restos romanos. (p. 119)

MICHELE PRISCO/MICHELEPRISCO/500PX ©

Arquitectura majestuosa

Palacio de Buckingham
Vivienda de la reina. (p. 53)

Casas del Parlamento
Monumento victoriano extraordinario y sede de la democracia parlamentaria británica. (p. 53)

Queen's House Preciosa creación palladiana de Inigo Jones. (p. 195)

Palacio de Hampton Court
Ideal para cazar fantasmas en los pasillos estilo Tudor. (p. 198)

Old Royal Naval College
El imponente Painted Hall es admirable y la capilla, espectacular. (p. 197)

Monumentos

Monument Vistas panorámicas desde la cima. (p. 118)

Albert Memorial Ejemplo de la era victoriana. (p. 158)

Marble Arch Diseñado por John Nash. (p. 160)

Circuitos Open House

Durante un fin de semana a finales de septiembre, cientos de edificios normalmente cerrados al público abren sus puertas para el **Open House London** (☏020-7383 2131;www.openhouselondon.org. uk). Los edificios públicos no son la excepción, con numerosos circuitos y conferencias. Esta organización benéfica también patrocina charlas y circuitos de temática arquitectónica en varias zonas de Londres a cargo de la organización hermana Open City (☏020-3006 7008; www.open-city.org.uk; circuitos 24,50-35,50 £).

Con niños

*Londres es fantástico para los niños.
Los museos resultan fascinantes.
Se celebran espectáculos de teatro,
danza y música para niños. Las zonas
de juegos y los parques, las granjas
urbanas y las reservas naturales,
son excelentes para quemar energía
o relajarse.*

Actividades museísticas

Los museos de Londres tienen muy en cuenta a los menores, con recorridos para niños o familias en casi todos ellos. Además, hay numerosas actividades como cuentacuentos en la National Gallery, mochilas temáticas para explorar el British Museum, actuaciones en el Victoria & Albert Museum, audioguías para familias en la Tate Modern y talleres de arte y artesanía en Somerset House. El Science Museum tiene una maravillosa área interactiva en la planta baja llamada Garden en la cual los niños se salpican con agua.

Dónde comer con niños

Muchos de los restaurantes y cafés ofrecen instalaciones para cambiar a los bebés y tronas. Hay que escoger los lugares con sentido común y evitar los restaurantes de mucha categoría y más tranquilos si se va con bebés. En los *gastropubs* las familias suelen ser bienvenidas, pero puede que en los *pubs* donde solo se bebe no admitan a menores de 16 años.

Sitios de interés

ZSL London Zoo Casi 750 especies de animales y muchos pingüinos en la Penguin Beach. (p. 174)

London Eye Permite contemplar Londres desde las alturas y ver los principales lugares de interés. (p. 136)

Mazmorras de Londres Diversión angustiosa, los célebres villanos de Londres y emociones escalofriantes. (p. 137)

Madame Tussauds Paraíso del *selfie*, ya sea con One Direction o Katnis Everdeen. (p. 174)

Cambio de guardia Soldados con gorros de piel de oso, uniformes rojos y órdenes militares. (p. 56)

'Cutty Sark' Subir a un barco de verdad y conocer sus históricas proezas en alta mar. (p. 197)

Museos

Science Museum Para niños amantes de la tecnología y un sótano lleno de diversión para los pequeños. (p. 158)

Imperial War Museum Muestras interesantes, planes de guerra y minucias militares. (p. 136)

British Museum El mejor museo de Londres, con momias milenarias. (p. 88)

Natural History Museum Espectacular osamenta colgante de una ballena azul y un T-rex animatrónico. (p. 152)

Bebés y niños pequeños

Kensington Gardens Fantástico lugar de recreo, con una fuente para salpicar y hectáreas de verde para correr. (p. 160)

St James's Park Patos, ardillas y pelícanos a la sombra del palacio de Buckingham. (p. 57)

Consejos para familias

○ Los menores de 11 años no pagan en el transporte público, excepto en el National Rail.

○ En invierno (nov-ene) hay pistas de hielo en el Natural History Museum, Somerset House y Hampton Court.

Circuitos

JEFF WHYTE/SHUTTERSTOCK ©

En barco

Thames River Services (📞020-7930 4097; www. thamesriverservices. co.uk; ida adultos/niños 12,50/6,25 £, ida y vuelta 16,50/8,25 £) Van de Westminster Pier a Greenwich y paran en la Torre de Londres.

Thames Rockets (📞020-7928 8933; www.thames-rockets.com; Boarding Gate 1, London Eye, Waterloo Millennium Pier, Westminster Bridge Rd, SE1; adultos/niños desde 43,50/29,50 £; ⏱10.00-18.00; 👶) Permiten atravesar Londres a toda velocidad en una lancha.

Thames River Boats (📞020-7930 2062; www. wpsa.co.uk; Westminster Pier, Victoria Embankment, SW1; Kew ida adultos/niños 13/6,50 £, ida y vuelta 20/10 £, Hampton Court ida 17/8,50 £, ida y vuelta 25/12,50 £; ⏱10.00-16.00 abr-oct; 🚇Westminster) Van de Westminster Pier a los Royal Botanic Gardens en Kew (1½ h) y/o hasta el palacio de Hampton Court (1½ h más), con la posibilidad de desembarcar en Richmond, si la marea lo permite.

A pie

Guide London (Association of Professional Tourist Guides; 📞020-7611 2545; www.guidelondon.org.uk; medio día/día completo 165/270 £) Un Blue Badge Guide ofrece información completa y exhaustiva.

London Walks (📞020-7624 3978; www.walks. com; adultos/niños 10 £/ gratis) Amplia variedad de paseos temáticos, como los Beatles, Harry Potter, Sherlock Holmes y lugares encantados.

Unseen Tours (📞07514 266774; www.sockmob events.org.uk; circuitos 12 £) Dirigidos por indigentes, ofrecen una perspectiva distinta de la ciudad en barrios como Camden Town, Brick Lane, Shoreditch y London Bridge.

Strawberry Tours (📞020-7859 4996; www.straw berrytours.com/london) Operan bajo el lema "paga lo que crees que vale" en diversas temáticas.

En autobús

Big Bus Tours (📞020-7808 6753; www.bigbus-tours.com; adultos/niños 35/18 £; ⏱cada 20 min 8.30-18.00 abr-sep, hasta 17.00 oct y mar, hasta 16.30 nov-feb) El billete incluye un crucero por el río y tres visitas a pie.

Original Tour (www. theoriginaltour.com; adultos/niños 32/15 £; ⏱8.30-20.30) Autobús descubierto de dos pisos con paradas libres (24 h), además de cruceros por el río y recorridos temáticos a pie. Los autobuses salen cada 5-20 minutos.

Fiestas y celebraciones

Londres es una ciudad vibrante todo el año, con fiestas y celebraciones tradicionales y modernas llenas de energía y entusiasmo. Desde el carnaval al aire libre más grande de Europa hasta las floraciones del Chelsea Flower Show y la pompa y ceremonia del Trooping the Colour, ofrece ocio para todos los gustos.

BEN GINGELL/SHUTTERSTOCK ©

Fiestas gratis

Carnaval de Notting Hill (www.thelondonnottinghill carnival.com) Animado carnaval al aire libre en honor a la comunidad caribeña de Londres (ago).

Año Nuevo chino en Chinatown Chinatown bulle con este colorido festival (fin ene o feb).

Trooping the Colour El día del cumpleaños oficial de la reina (jun) hay desfiles y celebraciones; en la Horse Guards Parade.

Guy Fawkes' Night (Bonfire Night) Conmemora el intento de Guy Fawkes por volar por los aires del Parlamento en 1605, con hogueras y fuegos artificiales el 5 de noviembre.

Lord Mayor's Show (https://lordmayorshow. london) Carrozas, bandas y fuegos de artificio para homenajear al Lord Mayor; en noviembre.

Maratón de Londres Unos 40 000 corredores recorren Londres en abril en una de las mayores carreras por asfalto del mundo.

Acontecimientos de pago

Tennis Championships (www.wimbledon.com) Epicentro del mundo del tenis durante dos semanas (jun/jul).

The Proms (www.bbc.co.uk/ proms) Dos meses de conciertos clásicos en el Royal Albert Hall; (jul-sep).

London Film Festival (https://whatson.bfi.org. uk/lff) Estrenos de cine en el BFI Southbank y otras sedes (oct).

Chelsea Flower Show (www.rhs.org.uk/shows-events/rhs-chelsea-flower-show) Célebre muestra de horticultura.

Recomendaciones en línea

Consúltese www.visitlondon.com o www.timeout.com/london para el calendario de eventos en Londres y sus aledaños.

Londres LGBTIQ+

La ciudad de Oscar Wilde, Quentin Crisp y Elton John no defrauda a sus visitantes LGBTIQ+, con su incesante y fabulosa mezcla de fiestas, bares, discotecas y eventos descarados, escandalosos y alternativos. Es una capital mundial para los gais, junto con Nueva York y San Francisco.

KATIE STEVENS PHOTOGRAPHY/SHUTTERSTOCK ©

Por barrios

El moderno Shore-ditch es el hogar de la escena LGBTIQ+ más alternativa de Londres. La tradicional zona gay del Soho ha perdido terreno a favor del alternativo East End. Vauxhall, en el sur de Londres, ofrece las mejores noches de baile.

Bares y clubes

Todavía existe una escena de bares muy variada con locales repartidos por la ciudad, no solo en el tradicional corazón del Soho.

Eventos

BFI Flare (https://whatson. bfi.org.uk/flare) Lo organiza el BFI Southbank a principios de abril, con estrenos, proyecciones y charlas.

Pride de Londres (http:// prideinlondon.org) Una de las celebraciones más importantes del orgullo gay (fin jun-ppios jul).

Clubes y tiendas

Heaven Una discoteca de siempre e imán gay los sábados por la noche. (p. 80)

Recomendaciones en línea

Consultar www.gingerbeer.co.uk para obtener información completa sobre bares, discotecas y eventos lésbicos. Clicar en 60by80 (www.60by80.com/london) para información viajera para gais y en Time Out London LGBT (www.timeout.com/london/lgbt) para recomendaciones de bares, discotecas y eventos.

Mercados

ANNA LEVAN/SHUTTERSTOCK ©

Vida londinense

Comprar en los mercados de Londres no solo consiste en buscar gangas y hurgar entre baratijas y revoltijos de artículos mundanos. También se trata de empaparse de la personalidad de esta vibrante ciudad: a los londinenses les encanta rebuscar por los mercados, ojear, charlar y socializar.

Comer a un lado

Sean o no mercados gastronómicos, los puestos y camiones de comida son característicos de los mercados londinenses. La calidad varía pero suele ser buena y los precios, razonables (4-8 £).

Mercados

Mercado de Borough Abundancia de delicias culinarias al sur del río. (foto superior; p. 136)

Mercado de Old Spitalfields Enorme mercado entre la City y el este de Londres, excelente para artículos *vintage* y moda. (p. 191)

Mercado de Camden Visita obligada en el norte de Londres; hay de todo, desde auténticas antigüedades hasta baratijas para turistas. (p. 174)

Mercado de Portobello El más conocido de Londres, en Notting Hill, excelente para artículos *vintage* de todo tipo. (p. 167)

Mercado de Brick Lane Confluencia dominical de curiosidades, moda barata y puestos de comida. (p. 185)

Sunday UpMarket Se recomienda disfrutar de una deliciosa comida antes de abordar sus puestos de ropa de diseño. (p. 185)

Consejo

No hay que perderse los abundantes refrigerios gratuitos en el mercado de Borough, al sur del río: su gran calidad y la variedad de sabores es impresionante.

Cuatro días perfectos

Día 1

LUKASZ PAJOR/SHUTTERSTOCK ©

Día 2

JOHN CRUX/SHUTTERSTOCK ©

Primera parada, **Trafalgar Sq** (p. 72) por su arquitectura y las vistas de postal del **Big Ben**. (p. 51). Luego hay que entrar a la **National Gallery** (p. 66) para admirar *Los girasoles* de Van Gogh. Se continúa hasta la **abadía de Westminster** (p. 53) para empaparse de su historia.

Para cocina de *gourmet* a precios económicos se recomienda almorzar en **Vincent Rooms** (p. 59). Se cruza el río por el **puente de Westminster** hasta el **London Eye** (p. 136) y, sin dejar la orilla sur, se camina hasta la **Tate Modern** (p. 130) para ver arte de primera.

Para relajarse se recomienda la histórica **George Inn** (p. 142) y una cena en **Arabica Bar & Kitchen** (p. 141) en el corazón del mercado de **Borough** (p. 136).

Ir pronto (8.50) a la **Torre de Londres** (p. 112) para ver la **ceremonia de las llaves** y pasar la mañana deleitándose con las **joyas de la Corona**. Al terminar contémplese el **Tower Bridge** (p. 63).

Conviene dirigirse a la **catedral de St Paul** (p. 108) para admirar su exquisita cúpula y arquitectura. Hay que tomar un autobús hasta **Covent Garden** y participar del bullicio. Se puede continuar hasta **Leicester Sq** (p. 81) con sus cines, y hasta **Piccadilly Circus** (p. 73) y su célebre estatua.

Tras la caminata, se puede ir al **Dukes London** (p. 60) para degustar un martini y una exquisita cena en el **Palomar** (p. 76). El resto de la noche se invierte en Piccadilly y el Soho con una pinta en el **Lamb & Flag** (p. 80).

MJBUS7/SHUTTERSTOCK ©

STOYANH/SHUTTERSTOCK ©

Día 3

Se dedica un par de horas al **British Museum** (p. 88). Remátese la mañana con un paseo por **Bloomsbury**, otrora centro indiscutible del mundo literario.

Se disfruta de un té vespertino en el **Tea & Tattle** (p. 89) antes de dirigirse a los exclusivos distritos de Chelsea y Kensington para ir de tiendas. **Harrods** (p. 165) es una parada obligada para comprar recuerdos *gourmet*. Y como colofón del día, un paseo por **Hyde Park** (p. 158).

Llegada la noche, **Camden** aguarda con su bulliciosa vida nocturna. Se pueden tomar unos deliciosos y sostenibles *fish and chips* en **Hook Camden Town** (p. 176) antes de sumergirse en los locales con música en directo: *indie rock* en **KOKO** (p. 178); *jazz* en el **Jazz Cafe** (p. 178).

Día 4

Desde el centro de Londres se puede ir en barco hasta Greenwich y hacer el **circuito a pie por Greenwich** (p. 196). Se explora el **National Maritime Museum** (p. 197), la **Queen's House** (p. 195) y el '**Cutty Sark'** (p. 197), y después se almuerza en el **mercado de Greenwich** (p. 197).

Se puede atravesar **Greenwich Park** (p. 194) a pie hasta el **Royal Observatory** (p. 192) y deleitarse con las magníficas vistas hasta **Canary Wharf**. En el observatorio, se puede tener un pie a cada lado del **meridiano de Greenwich** y saber cómo se calcula la longitud geográfica.

Se cena en la pintoresca **Trafalgar Tavern** (p. 197) y se acaba la ruta con una copa y vistas panorámicas en el **Sky Pod** (p. 123).

Lo esencial

Para más información, véase 'Guía práctica' (p. 203).

Idioma
Inglés (y otros 300)

Moneda
Libra esterlina (£)

Visados
Los visitantes de EE UU y Canadá no necesitan visado para estancias de hasta seis meses.

Dinero
Hay cajeros en todas partes. Se aceptan las principales tarjetas de crédito.

Teléfonos móviles
Para los móviles europeos se pueden comprar tarjetas SIM locales o un teléfono de prepago.

Hora
En Londres rige el horario GMT/UTC.

Propinas
Hoteles: 1 £ por maleta.
Restaurantes: un 15% por un servicio excepcional.
Pubs: solo si hay servicio de mesa.
Taxis: se redondea hasta la siguiente libra.

Presupuesto diario

Económico: menos de 85 £
Dormitorio colectivo: 12-30 £
Almuerzo en un mercado o un sándwich en el supermercado: 3,50-5 £
Muchos museos: gratis
Entrada reducida para el teatro: 5-25 £
Coste diario de Santander Cycles: 2 £

Medio: 85-200 £
Habitación doble: 100-160 £
Cena de dos platos con copa de vino: 35 £
Exposiciones temporales: 12-18 £
Entrada para el teatro: 15-60 £

Alto: más de 200 £
Habitación en hotel de 4 estrellas/*boutique*: más de 200 £
Cena de tres platos con vino en los mejores restaurantes: 60-90 £
Trayecto en taxi: 30 £
Entradas preferentes de teatro: 65 £

Con antelación

Tres meses Reservar hotel y entrada para un espectáculo en fin de semana y para cenar en un buen restaurante; adquirir entradas para exposiciones estelares.

Un mes Consultar la lista de recomendaciones en *Time Out* (www.timeout.com/london) y reservar entradas.

Unos días antes Consultar el parte meteorológico en www.metoffice.gov.uk.

Cómo llegar

Se suele llegar en avión, pero cada vez hay más visitantes europeos que se desplazan en tren.

✈ Desde el aeropuerto de Heathrow

Tren, metro y autobús a Londres (5.00-antes 24.00; 5,70-21,50 £); taxi 46-87 £.

✈ Desde el aeropuerto de Gatwick

Trenes a Londres (4.30-1.35; 10-20 £); autobuses 24/7 a Londres cada hora (desde 5 £); taxi 100 £.

✈ Desde el aeropuerto de Stansted

Trenes a Londres (5.30-1.30; 23,40 £); autobuses 24/7 a Londres (desde 12 £); taxi desde 130 £.

✈ Desde el aeropuerto de Luton

Trenes a Londres (7.00-22.00; desde 14 £); autobuses 24/7 a Londres (10 £); taxi 110 £.

☐ Estación internacional de trenes St Pancras

En el centro de Londres y conectada con otras partes de la ciudad a través del metro.

Cómo desplazarse

La forma más barata de viajar por la ciudad es con una Oyster Card (véase p. 208) o con una tarjeta contactless del Reino Unido.

⊕ 'Tube', suburbano y DLR

El metro (tube), el suburbano y el tren ligero DLR son las formas más rápidas y fáciles para moverse por la ciudad.

☐ Autobús

La red de autobuses es amplia pero lenta, excepto para trayectos cortos; con la Oyster Card se obtienen tarifas más baratas, y circulan muchos nocturnos y de 24 h.

🚗 Taxi

Los taxis negros son caros a menos que se vaya en grupo. Los minicabs, más económicos, deben reservarse con antelación.

🚲 Bicicleta

Las bicicletas de Santander Cycles (p. 209) son ideales para trayectos cortos.

🚗 Automóvil y motocicleta

Todo desventajas: los precios del aparcamiento, las tasas en zonas de mucho tráfico, los atascos, el precio de la gasolina, los guardias de tráfico y los cepos.

Webs

Lonely Planet (www.lonelyplanet.es) Información sobre el destino, alojamiento, etc.
Time Out London (www.timeout.com/london) Recomendaciones actualizadas y distribución gratuita los martes.
Londonist (www.londonist.com) Todo sobre Londres y su agenda.

Barrios de Londres

Regent's Park y Camden (p. 169)
El norte de Londres destaca por su vida nocturna, parques, el encanto del canal, los mercados y los menús internacionales.

National Gallery y Covent Garden (p. 65)
La gran ciudad: los teatros del West End, los grandes museos, los fantásticos restaurantes, las numerosas tiendas y la vida nocturna bohemia.

Palacio de Buckinghham

Natural History Museum

Victoria & Albert Museum

Museos de Kensington (p. 147)
Uno de los barrios más elegantes con excelentes museos, zonas verdes, y tiendas y restaurantes de primera.

Abadía de Westminster y Westminster (p. 43)
El corazón real y político de Londres: pompa, esplendor e historia a raudales.

British Museum y Bloomsbury (p. 87)
El museo más famoso de Londres, elegantes plazas, restaurantes eclécticos y *pubs* literarios.

Shoreditch y el East End (p. 183)
La energía creativa del *clubbing* londinense llena Shoreditch de historia, museos, excelentes restaurantes y mercados en el East End.

British Museum
⊙

National Gallery
⊙

Catedral de St Paul
⊙

Tate Modern
⊙

Torre de Londres

Parlamento
⊙ ⊙

Abadía de Westminster

St Paul's y la City (p. 107)
La icónica iglesia y torre de Londres están aquí, junto a restos antiguos, iglesias históricas y joyas arquitectónicas.

Tate Modern y South Bank (p. 129)
Arte moderno, teatro innovador, drama isabelino, excelente gastronomía y arquitectura moderna.

⊙
Royal Observatory y Greenwich Park

Explorar
Londres

Poppie's (p. 188). DOSFOTOS DOSFOTOS/GETTY IMAGES ©

Explorar ✦

Abadía de Westminster y Westminster

Westminster es el corazón político de Londres y el nivel de pompa es asombroso: los grandes eventos de Estado se acompañan de convoyes de carruajes dorados y elaborados desfiles. Los turistas acuden para admirar el palacio de Buckingham y el de Westminster, de estilo neogótico.

Hay que ponerse temprano en la cola de la abadía de Westminster (p. 44) para evitar las multitudes. Se querrá pasar toda la mañana admirando la mampostería, los claustros y el esplendor histórico de toda la abadía. Se puede ir a St James's Park (p. 53) para almorzar al aire libre o en Vincent Rooms (p. 59). Después de comer, váyase al fastuoso palacio de Buckingham (p. 48) en verano, o a las Casas del Parlamento (p. 50) el resto del año (cuando hay sesión). Para cenar se recomienda la excelente comida india de Gymkhana (p. 60) antes de redondear la velada con un delicioso cóctel en el clásico Dukes London (p. 60) o el suntuoso Rivoli Bar (p. 61), en el Ritz.

Cómo llegar y desplazarse

⊖ Westminster y St James's Park están en las líneas Circle y District. La línea Jubilee atraviesa Westminster y Green Park; las líneas Piccadilly y Victoria también pasan por Green Park.

Véase el plano en p. 54.

Big Ben. ALEXEY FEDORENKO/SHUTTERSTOCK ©

Principales puntos de interés 📷
Abadía de Westminster

Es un sitio de conmemoración tan importante que es difícil sobreestimar su valor simbólico. A excepción de Eduardo V (asesinado) y Eduardo VIII (abdicó), todos los soberanos ingleses han sido coronados aquí desde Guillermo el Conquistador en el 1066; muchos han contraído nupcias y un total de 17 han sido sepultados en la abadía.

◉ PLANO P. 54, E5

www.westminster-abbey.org

20 Dean's Yard, SW1

adultos/niños 22/9 £, claustro y jardines gratis

⏲ 9.30-15.30 lu, ma, ju y vi, hasta 18.00 mi, hasta 13.30 sa

⊖ Westminster

Transepto norte, sagrario y coro

El transepto norte se conoce como la Nave de los Estadistas: estatuas enormes y placas imponentes, todas de mármol, honran a políticos y a figuras públicas eminentes. En el corazón de la abadía se encuentra el sagrario, donde se celebran las coronaciones, bodas y funerales de la realeza. El coro, una estructura sublime del gótico victoriano, es una creación de Edward Blore de mediados del s. XIX.

Capilla mariana y trono

La espectacular capilla tiene una bóveda de abanico, coloridos estandartes heráldicos y sillería de roble. Tras el altar se halla el elaborado sarcófago de Enrique VII y su reina, Isabel de York. Frente a la entrada a la capilla mariana está el trono de coronación, donde se ha coronado a casi todos los monarcas desde principios del s. XIV.

Tumba de María I de Escocia

A cada lado de la capilla mariana hay dos más pequeñas. En la de la izquierda (norte) descansan Isabel I y su medio hermana María I (Bloody Mary). En la de la derecha (sur) yace la tumba de María I de Escocia, decapitada por orden de su prima Isabel en 1587.

Sepulcro de san Eduardo el Confesor

El acceso al punto más sagrado de la abadía, tras el altar mayor, está restringido para proteger el pavimento, del s. XIII. San Eduardo fundó la abadía y el edificio original se consagró unas semanas antes de su muerte. Su tumba sufrió algunos cambios tras ser destruida durante la Reforma.

Poets' Corner

Se encuentra en el transepto sur y alberga tumbas y monumentos a muchas de las mejo-

★ **Consejos**

o Las multitudes son tan inamovibles como la mampostería de la abadía; conviene hacer cola desde primera hora.

o Realizar uno de los recorridos de 90 min guiados por sacristanes (5 £, entrada aparte) que salen de la puerta norte.

o Hacerse con una audioguía, gratis con la entrada, en la puerta norte

✗ **Una pausa**

Para comer sentado dentro de la abadía se recomienda **Cellarium** (☎ 020-7222 0516; 20 Dean's Yard, SW1; principales 9,50-13,50 £; ⊙ 8.00-18.00 lu, ma, ju y vi, hasta 19.30 mi, 9.00-17.00 sa, 10.00-16.00 do; 🛜), en el monasterio original benedictino del s. XIV, que tiene excelentes vistas de la elaborada arquitectura de la abadía.

Cerca del edificio, Vincent Rooms (p. 59) sirve cocina europea moderna a precios asequibles; lo gestionan estudiantes de hostelería.

res plumas de Inglaterra. El primer poeta que se enterró aquí fue Geoffrey Chaucer, seguido de lord Alfred Tennyson, Charles Dickens, Robert Browning, Rudyard Kipling y otros.

Tumba de Isaac Newton

En la parte oeste del claustro, el Scientists' Corner alberga la tumba de sir Isaac Newton. Una sección adyacente al pasillo norte de la nave es el Musicians' Aisle, donde están enterrados los compositores barrocos Henry Purcell y John Blow, así como otros más modernos como Benjamin Britten y Edward Elgar.

Claustros

Los claustros cuadrangulares, desde los que se accede a los edificios monásticos, datan en su mayoría de los ss. XIII-XV y en tiempos albergaron

Nuevo museo abacial

Las galerías del Jubileo de Diamantes de la Reina, cuya inauguración tuvo lugar el 8 de junio del 2018, aluden a un nuevo museo y galería en el triforio medieval, la galería abovedada que hay sobre la nave. Se exhiben las máscaras funerarias de varias generaciones de monarcas, efigies de cera de Carlos II y Guillermo III, armaduras y vidrieras. Destacan el trono de María II con inscripciones, y el Westminster Retable (s. XIII), el retablo más antiguo de Inglaterra.

gran parte de la actividad de la abadía, llena de monjes. También proporcionan acceso a la sala capitular, la cámara de la Píxide y al museo abacial, en la cripta abovedada.

Sala capitular

Esta sala octogonal luce uno de los pavimentos medievales de baldosas mejor conservados de Europa y cuenta con restos de frescos religiosos. Fue lugar de reunión de la Cámara de los Comunes en la segunda mitad del s. XIV y presume de la puerta más antigua del Reino Unido, que lleva ahí 950 años.

Cámara de la Píxide

Junto a la sala capitular y cerca del claustro oriental, la cámara de la Píxide es una de las pocas reliquias que quedan de la abadía original y alberga los tesoros y objetos litúrgicos de la misma. Destacan los enormes baúles, construidos en el interior de la sala y en los que se guardaban objetos de valor del erario público.

Jardín

Al College Garden de 900 años de antigüedad se accede por el Dean's Yard y los claustros menores, junto a Great College St. Ocupa el lugar del jardín original, fundado en el s. XI, donde se cultivaban plantas medicinales.

Historia de la abadía de Westminster

Aunque es una mezcla de estilos, se la considera el mejor ejemplo del primer gótico inglés (1190-1300). La iglesia original fue construida en el s. XI por el rey (después santo) Eduardo el Confesor, hoy enterrado en la capilla tras el altar mayor. Enrique III [1216-1272] empezó la construcción del nuevo edificio pero no lo acabó; la nave de estilo gótico francés se terminó en 1388. La capilla de Enrique VII se añadió en 1519.

**Monasterio benedictino
y disolución**

La abadía fue en su origen un monasterio benedictino. Muchos de sus elementos (la sala capitular octogonal, el coro y los claustros) dan fe de su pasado. En 1534 Enrique VIII separó la Iglesia de Inglaterra de la católica y disolvió los monasterios del país. El rey pasó a ser la cabeza de la Iglesia anglicana y la abadía adquirió su estado de "peculiaridad real" (administrada directamente por la Corona y exenta de toda jurisdicción eclesiástica).

Lugar de coronaciones

Con la excepción de Eduardo V y Eduardo VIII, todos los reyes ingleses se han coronado aquí desde Guillermo el Conquistador, en 1066, y la mayoría de los monarcas desde Enrique III (m. 1272) hasta Jorge II (m. 1760) yacen en este lugar.

Coro

Data de mediados del s. XVII y se ubica donde el coro original de los monjes, pero no guarda parecido con este. Todavía en uso, hoy lo ocupan los miembros del coro de Westminster: 22 niños y 12 adultos que cantan los servicios diarios y misas vespertinas (17.00 lu-vi, 15.00 sa-do).

Boda real

El 29 de abril del 2011, el príncipe Guillermo se casó con Catalina Middleton en la abadía de Westminster. La pareja la eligió por la ubicación relativamente íntima del presbiterio; el coro tapó la visión a tres cuartas partes de los 1900 invitados.

Principales puntos de interés
Palacio de Buckingham

Construido en 1705 para el duque homónimo y luego adquirido por Jorge III, el palacio ha sido la residencia de la familia real en Londres desde 1837, cuando la reina Victoria se trasladó allí. Los ciudadanos de a pie ahora pueden asomarse a los salones de Estado, aunque solo a 19 de los 775 del palacio, de finales de julio a septiembre, cuando la reina pasa sus vacaciones en Escocia.

◉ PLANO P. 54, A4

www.royalcollection.org.uk

Buckingham Palace Rd, SW1

adultos/niños/menores 5 años 24/13,50 £/gratis

🕙 9.30-19.00 (hasta 18.00 sep) solo jul-sep

⊖ Green Park, St James's Park

Salones de Estado

El recorrido, que empieza en el Grand Hall al pie de la monumental escalera, continúa por el salón verde, el comedor de Estado, el salón azul (con un techo acanalado de John Nash) y el salón blanco (donde se recibe a los embajadores). La sala del trono decepciona en parte, con sillones rosas que ostentan las iniciales "ER" y "P".

Picture Gallery y jardines

Es una estancia de 47 m de longitud en la que se exponen fantásticas obras de artistas como Van Dyck, Rembrandt, Canaletto, Poussin, Rubens, Canova y Vermeer. Se recomienda pasear por las 18 Ha de jardines al final del recorrido y admirar parte de las 350 especies de flores y plantas.

Galería de la Reina

La familia real ha reunido una grandiosa colección de pintura, escultura, cerámica, muebles y joyas. La espléndida **Galería de la Reina** (ala sur, palacio de Buckingham; adultos/niños 10,30/5,30 £, incl. Royal Mews 19/10 £; ☉10.00-17.30) muestra algunos de los tesoros del palacio de forma rotatoria. Se accede por la Buckingham Gate.

Royal Mews

Al suroeste del palacio, las **Royal Mews** (Buckingham Palace Rd; adultos/niños 11/6,40 £, incl. Galería de la Reina 19/10 £; ☉10.00-17.00 abr-oct, hasta 16.00 lu-sa feb, mar y nov; ⊖Victoria) empezaron siendo una cetrería, pero ahora son unas caballerizas que albergan los pulcros caballos reales y los opulentos vehículos que la soberana usa para desplazarse. Destacan la carroza dorada de 1762 y la carroza de cristal de 1911.

★ Consejos

○ Las entradas para el palacio están programadas (salidas cada 15 min) y se reservan en línea. La visita autoguiada (con audioguía) dura aproximadamente 2 h.

○ La entrada Royal Day Out (adultos/niños/menores 5 años 39,50/22 £/gratis) combina la visita a los salones de Estado, la Galería de la Reina y las Royal Mews.

○ El cambio de guardia (p. 56) es muy popular; hay que ir pronto para tener buenas vistas.

✕ Una pausa

Un buen sitio para un tentempié es **St James's Cafe** (☎ 020-7839 1149; St James's Park, SW1; principales 6,50-11 £; ☉8.00-18.00 lu-sa, 9.00-17.00 do, hasta 22.00 abr-oct; 🛜; ⊖Charing Cross, St James's Park).

Para una comida india digna de un marajá, se aconseja el cercano Quilon (p. 60), con una estrella Michelin.

Principales puntos de interés 📷
Casas del Parlamento

*Tanto la Cámara de los Comunes (por elección)
como la Cámara de los Lores (nombrados o he-
reditarios) celebran sus sesiones en el suntuoso
palacio de Westminster, edifico neogótico que
data de mediados del s. xix (con algunas zonas
que sobrevivieron a un nefasto incendio en 1834).
Una visita aquí es un viaje al corazón de la democracia británica.*

◉ PLANO P. 54, F5

Palacio de Westminster

www.parliament.uk

Parliament Sq, SW1

gratis

🚇 Westminster

Big Ben

El elemento más famoso del Parlamento es la torre del reloj, oficialmente llamada la Torre de Isabel para conmemorar el Jubileo de Diamantes de la reina Isabel II en el 2012, pero comúnmente conocida como Big Ben. En realidad, Ben es la campana de 13,5 toneladas que cuelga en el interior, que debe su nombre a Benjamin Hall, el encargado de las obras cuando se terminó la torre en 1858.

Westminster Hall

Se trata de uno de los elementos más atractivos del palacio de Westminster, sede de la monarquía inglesa desde el s. XI hasta principios del s. XVI. El edificio original, construido a finales del s. XI, es la parte más antigua del complejo; el impresionante techo de cercha gótica se añadió entre 1394 y 1401.

Cámara de los Comunes

En la Cámara de los Comunes se reúnen los parlamentarios para proponer y debatir nuevas leyes y para interpelar al primer ministro y su gabinete. La cámara, diseñada por Giles Gilbert Scott, sustituyó a la que destruyó una bomba en 1941.

Cámara de los Lores

A la Cámara de los Lores se accede por la Strangers' Gallery (galería de los desconocidos). El intrincado interior de estilo Tudor gótico llevó a su arquitecto, Augustus Pugin (1812-1852), a una muerte temprana por agotamiento y tensión nerviosa.

Circuitos

Se realizan recorridos autoguiados o **guiados** (adultos/niños 28/12 £) todo el año, los sábados y la mayoría de los días sin sesión parlamentaria.

★ Consejos

o Para saber qué se va a debatir cada día, se puede consultar el panel que hay junto a la entrada o la web www.parliament.uk.

o Los residentes del Reino Unido pueden acercarse a sus parlamentarios para organizar una visita gratuita y subir a la Torre de Isabel.

o Se aconseja el popular té de la tarde (29 £) en el Terrace Pavilion con vistas al Támesis.

✕ Una pausa

El café y restaurante de techo abovedado **Footstool** (menú almuerzo 2/3 platos 17,50/19,50 £; ⏲ 8.30-17.00 lu-vi, 2 h antes concierto St John's sa y do; ⊖ St James's Park, Westminster), en la cripta de St John's (Smith Square), está a un corto paseo al sur del palacio.

Los que continúen hacia el South Bank, pueden almorzar en el elegante Skylon (p. 140), en el Royal Festival Hall.

Circuito a pie 🥾

El Londres de la realeza

Esta amplia ruta traza un círculo por la flor y nata de los lugares regios y majestuosos de Londres, lo que permite abarcar varias experiencias imprescindibles. Se visitarán algunos de los edificios y sitios históricos más emblemáticos, con grandes oportunidades para la fotografía. El paseo describe un círculo hasta casi regresar al punto de partida, lo cual facilita dirigirse después a otras zonas de Londres.

Datos

Inicio Abadía de Westminster; ⊖ Westminster

Final Casas del Parlamento; ⊖ Westminster

Distancia 3,5 km; 2 h

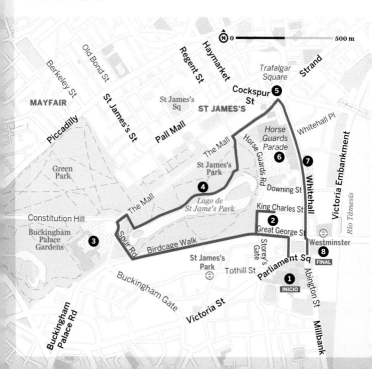

❶ Abadía de Westminster

Se puede empezar temprano por la abadía de Westminster (p. 44), donde desde 1066 han sido coronados casi todos los soberanos ingleses.

❷ Churchill War Rooms

Por Parliament Sq se pasa por el Tribunal Supremo del Reino Unido (acceso gratis durante las audiencias) en el lado oeste de la plaza y se llega a las Churchill War Rooms (p. 56), que muestran cómo Churchill coordinó a los Aliados contra Hitler.

❸ Palacio de Buckingham

Llegar hasta el final de Birdcage Walk gratifica con el majestuoso palacio de Buckingham (p. 48), donde los salones de Estado abren a visitas (con entrada) en agosto y septiembre. Otra opción es acudir a las cercanas Royal Mews (p. 49) y la Galería de la Reina (p. 49).

❹ St James's Park

Tras deambular por The Mall se puede ir a St James's Park (p. 57), uno de los parques reales más atractivos de la ciudad. Un paseo junto al lago permite avistar patos, ocas, cisnes y otras aves acuáticas.

❺ Trafalgar Square

De vuelta en The Mall, se atraviesa el Admiralty Arch para llegar a Trafalgar Sq, desde donde las vistas hasta las Casas del Parlamento son excelentes.

❻ Horse Guards Parade

Bajando por Whitehall se llega a la entrada de la Horse Guards Parade (p. 58). Los guardias montados de la caballería real ocupan su puesto todos los días de 10.00 a 16.00, cuando llega el cambio de los guardas desmontados.

❼ Banqueting House

En la parte más alejada de la calle se halla la espléndida Banqueting House (p. 58), el ultimo resto del palacio de Whitehall, que ocupaba gran parte de Whitehall pero desapareció bajo las llamas a finales del s. XVIII. Un poco más abajo está la entrada del nº 10 de Downing Street.

❽ Casas del Parlamento

Al final de Whitehall están las admirables Casas del Parlamento de estilo neogótico (p. 50) y su célebre torre, el Big Ben. Se puede visitar el edificio e incluso asistir a un debate.

✖ Una pausa

Si hace sol, lo mejor es llevarse algo para comer en el espléndido **St James's Park**. Otra opción es ir a degustar auténticos y deliciosos platos del norte de Italia en el **Cafe Murano** (p. 60), en los aledaños de St James's.

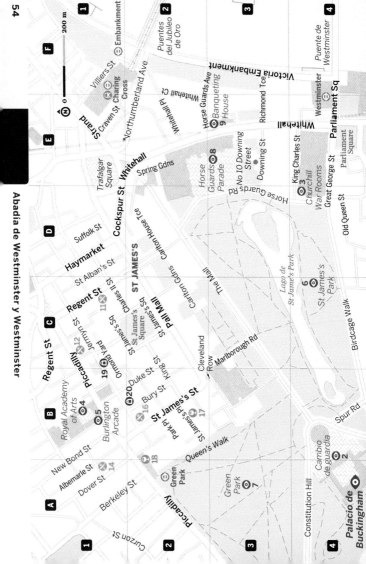

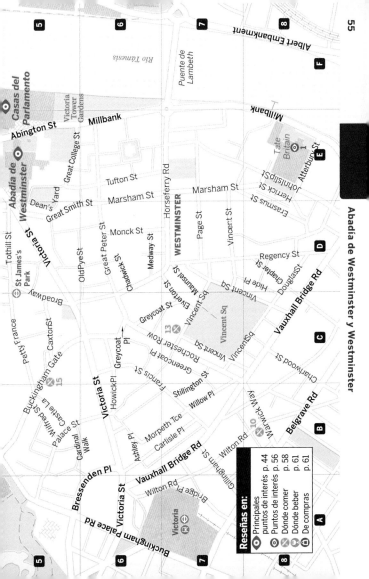

5 **6** **7** **8**

Albert Embankment

Río Támesis

Puente de Lambeth

F

Casas del Parlamento

Victoria Tower Gardens

Millbank

Abington St

Millbank

Great College St

Tate Britain

Atterbury St

E

Johnson St

Herrick St

Erasmus St

Tufton St

Marsham St

Marsham St

Page St

Vincent St

WESTMINSTER

Abadía de Westminster

Dean's Yard

Great Smith St

Horseferry Rd

Victoria St

Tothill St

St James's Park

Monck St

Great Peter St

Old Pye St

Medway St

Chadwick St

Maunsel St

Elverton St

Vincent St

Regency St

Chapter St

Douglas St

Hide Pl

Vincent Sq

Vincent Sq

Vincent Sq

Vauxhall Bridge Rd

D

Broadway

Petty France

Caxton St

Greycoat Pl

Greycoat St

Rochester Row

13

Vincent Sq

Charlwood St

C

Buckingham Gate

15

Howick Pl

Francis St

Greencoat Pl

Stillington St

Willow Pl

Wilfred St

Castle La

Victoria St

Ashley Pl

Morpeth Tce

Carlisle Pl

10

Warwick Way

Wilton Rd

Belgrave Rd

B

Palace St

Cardinal Walk

Bressenden Pl

Victoria St

Vauxhall Bridge Rd

Gillingham St

Bridge Pl

Wilton Rd

Buckingham Palace Rd

Victoria

A

5 **6** **7** **8**

Puntos de interés

Tate Britain

GALERÍA

1 ◉ PLANO P. 54, E8

La mayor y más venerable de las dos hermanas Tate celebra la pintura británica desde 1500 hasta hoy, con obras de Blake, Hogarth, Gainsborough, Barbara Hepworth, Whistler, Constable y Turner, así como piezas modernas y contemporáneas de Lucian Freud, Francis Bacon y Henry Moore. Hay **circuitos temáticos** (⏲11.00, 12.00, 14.00 y 15.00 lu-do) de 45 min, y charlas **Art in Focus** (⏲13.15 ma, ju y sa) de 15 min. (☎020-7887 8888; www.tate.org.uk/visit/tate-britain; Millbank, SW1; gratis; ⏲10.00-18.00, hasta 21.30 algunos vi; ⊖Pimlico)

Cambio de guardia

CEREMONIA

2 ◉ PLANO P. 54, B4

Visita obligada, la Vieja Guardia (la infantería del Regimiento Real) acaba su turno y la nueva la sustituye en el patio delantero del palacio de Buckingham (p. 48). Los turistas admiran (a veces desde detrás de hasta 10 personas) los llamativos uniformes rojos, los sombreros de piel de oso y el acto en toda su pompa. El nombre oficial de la ceremonia es Guard Mounting y dura unos 45 min. (http://changing-guard.com; palacio de Buckingham, Buckingham Palace Rd, SW1; ⊖St James's Park, Victoria, Green Park)

Churchill War Rooms

MUSEO

3 ◉ PLANO P. 54, D4

Winston Churchill coordinó la resistencia de los Aliados contra la Alemania nazi a través del teléfono de baquelita de este cuartel militar subterráneo durante la II Guerra Mundial. Las **Cabinet War Rooms** se mantienen prácticamente como cuando se apagaron las luces en 1945, para capturar el drama y los ánimos obstinados de la época, mientras que el multimedia **Churchill Museum** ofrece una fascinante perspectiva del resuelto líder durante la guerra. (www.iwm.org.uk/visits/churchill-war-rooms; Clive Steps, King Charles St, SW1; adultos/niños 21/10,50 £; ⏲9.30-18.00; ⊖Westminster)

Royal Academy of Arts

GALERÍA

4 ◉ PLANO P. 54, B1

La sociedad más antigua de Gran Bretaña dedicada a las bellas artes se fundó en 1768 y se trasladó a Burlington House un siglo después. La colección atesora dibujos, pinturas, proyectos arquitectónicos, fotografías y esculturas de académicos pasados y presentes, tales como Joshua Reynolds, John Constable, Thomas Gainsborough, J. M. W. Turner, David Hockney y Norman Foster. (☎020-7300 8000; www.royalacademy.org.uk; Burlington House, Piccadilly, W1; adultos/niños desde 13,50 £/gratis; precios exhibición variables; ⏲10.00-18.00 sa-ju, hasta 22.00 vi; ⊖Green Park)

Burlington Arcade

EDIFICIO HISTÓRICO

5 〇 PLANO P. 54, B1

Flanqueando Burlington House, sede de la Royal Academy of Arts, se encuentra esta encantadora galería comercial de 1819. Hoy es coto comercial para gente adinerada y famosa por los Burlington Beadles, guardias uniformados que patrullan la zona para vigilar que nadie cometa acciones vulgares como correr, mascar chicle, silbar o abrir paraguas.

Perpendicular a la anterior, entre Old Bond St y Albermarle St, está la **Royal Arcade** (entre 28 Old Bond y 12 Albemarle Sts, W1; ⊖ Green Park) de 1880. (www.burlingtonarcade.com; 51 Piccadilly, W1; 🕘 9.00-19.30 lu-sa, 11.00-18.00 do; ⊖ Green Park).

St James's Park

PARQUE

6 〇 PLANO P. 54, C4

Con solo 23 Ha, St James's es el segundo más pequeño de los ocho parques reales después de Green Park (p. 58). Pero lo que le falta de tamaño lo compensa en meticulosidad, pues es el espacio verde más atildado de Londres. Tiene unas vistas magníficas del London Eye, Westminster, el palacio de St James, Carlton Tce y Horse Guards Parade; la extraordinaria panorámica del palacio de Buckingham desde el puente peatonal que cruza el lago central es sin duda la mejor. (www.royalparks.org.uk/parks/st-jamess-park; The Mall, SW1; 🕘 5.00-24.00; ⊖ St James's Park, Green Park)

Palacio de Buckingham (p. 48) y St James's Park.

I WEI HUANG/SHUTTERSTOCK ©

Green Park PARQUE

7 ⊙ PLANO P. 54, A3

Este parque de 19 Ha, el menor de los ocho parques reales, tiene robles enormes, plátanos de sombra y prados ondulantes y muchos menos visitantes que su vecino, el impecable St James's Park (p. 57). En otro tiempo fue un campo de duelos y, como Hyde Park (p. 168), se empleó como huerta en la II Guerra Mundial.

Destaca por carecer de macizos florales, pues la reina Catalina de Braganza los prohibió tras enterarse de que su mujeriego esposo Carlos II recogía flores para sus amantes. O así lo narra la historia... (www.royalparks.org.uk/parks/green-park; ☺5.00-24.00; ⊖Green Park)

Horse Guards Parade LUGAR HISTÓRICO

8 ⊙ PLANO P. 54, E3

Los jinetes de los dos regimientos de la Caballería Real (Life Guards y Blues & Royals) ofrecen a diario (11.00 lu-sa; 10.00 do) una versión más accesible del cambio de guardia (p. 56) en la entrada oficial de vehículos a los palacios reales. A las 16.00 los guardias desmontan y hacen el relevo sin tanta floritura. El día del cumpleaños oficial de la reina (jun) también se celebra el **Trooping the Colour** (www.trooping-the-colour.co.uk; ☺jun).

Durante los reinados de Enrique VIII y su hija Isabel I, se organizaron torneos aquí. En 1745, se construyeron el patio de armas y sus edificios para albergar a la Guardia de la Reina. Se encuentra también el **Household Cavalry Museum** (☎020-7930 3070; adultos/niños 7/5 £; ☺10.00-18.00 abr-oct, hasta 17.00 nov-mar). (http://changing-guard.com/queens-life-guard.html; ☺11.00 lu-sa, 10.00 do; ⊖Westminster, Charing Cross, Embankment)

Banqueting House PALACIO

9 ⊙ PLANO P. 54, E3

Banqueting House es la única parte que ha sobrevivido del palacio Tudor de Whitehall (1532) que ocupaba casi todo Whitehall antes de quemarse en 1698. Diseñado por Inigo Jones en 1622 y controvertido por su fachada de piedra de Portland del s. XIX, fue el primer edificio puramente renacentista de Inglaterra y en la época no había ninguno igual en el país. Al parecer los ingleses lo detestaron durante un siglo. (☎020-3166 6000; www.hrp.org.uk/banqueting-house; Whitehall, SW1; adultos/niños 6,50 £/gratis; ☺10.00-17.00; ⊖Westminster)

Dónde comer

Pimlico Fresh CAFÉ £

10 ⊗ PLANO P. 54, B8

Simpático café de dos salones que sirve desayunos (torrijas y cuencos de gachas con miel o sirope de arce), almuerzos (quiches y sopas caseras, tostadas variadas) o un buen *latte* y un pastel. (☎020-7932 0030; 86 Wilton Rd, SW1; principales desde 4,50 £; ☺7.30-19.30 lu-vi, 9.00-18.00 sa y do; ⊖Victoria)

Nº 10
de Downing St

Despacho oficial de los líderes británicos desde 1732, cuando Jorge II presentó el nº 10 al 'Primer Lord del Tesoro' Robert Walpole, el **nº10 de Downing St** (plano p. 54, E3; www.gov.uk/government/organisations/prime-ministers-office-10-downing-street; 10 Downing St, SW1; ⊖Westminster) ha sido también la residencia oficial del primer ministro desde su reforma en 1902. Pese a ser tan célebre, el nº 10 es un pequeño edificio georgiano ubicado en una sencilla calle que no merece compararse con la Casa Blanca, por poner un ejemplo. Aún así, el edificio engloba tres casas con un total aproximado de 100 habitaciones y un jardín de 2000 m².

Shoryu   FIDEOS £

11 🍴 PLANO P. 54, C1

Este local compacto y concurrido atrae a multitud de comensales que degustan tallarines en las barras y mesitas de madera. El personal es educado, amable, eficiente y servicial. El plato fuerte es el delicioso *tonkotsu, ramen* a base de cerdo salpicado de alga nori (alga de mar seca y prensada), cebolleta, *nitamago* (huevos pasados por agua) y semillas de sésamo. Sin reserva. (www.shoryuramen.com; 9 Regent St, SW1; principales 10-14,50 £; ⏰11.15-24.00 lu-sa, hasta 22.30 do; ⊖Piccadilly Circus)

Kahve Dünyası   CAFÉ £

12 🍴 PLANO P. 54, C1

Como grandes amantes de lo otomano que son, los autores de esta guía quedaron embelesados cuando se abrió una sucursal de su cadena de cafés favorita en el centro de Londres. Sirven postres a base de pistacho, auténtico *lokum* (delicia turca), helado de *mástique* y, cómo no, café turco, el mejor del mundo. Servicio y recinto impecables. (Coffee World; ☎020-7287 9063; http://kahvedunyasi.co.uk; Unit 3, 200 Piccadilly, W1; pasteles 3,85-4,95 £; ⏰7.30-22.00 lu-vi, hasta 22.30 sa, hasta 21.30 do; ⊖Piccadilly)

Vincent Rooms   EUROPEA MODERNA £

13 🍴 PLANO P. 54, C7

Aquí practican quienes estudian para ser chef en el Westminster Kingsway College, donde se formaron Jamie Oliver y Ainsley Harriott. El servicio es amable, el ambiente en la Brasserie y en la Escoffier Room más elegante de lo esperado y la comida (incluida la vegetariana) abarca de lo maravilloso a lo exquisito a precios muy asequibles. (☎020-7802 8391; www.thevincentrooms.co.uk; Westminster Kingsway College, Vincent Sq, SW1; principales 9-13 £; ⏰12.00-15.00 lu-vi, 18.00-21.00 ma-ju; ⊖Victoria)

¿Vida nocturna en Westminster?

Westminster y Whitehall están desiertos por la noche, cuando poca gente acude a sus bares y restaurantes. Con St James's pasa casi lo mismo. Si se está en Westminster al principio de la noche, conviene dirigirse al animado Soho, al norte, lleno de locales fantásticos, o a las animadas calles que rodean Covent Garden.

Gymkhana
INDIA ££

14 ⊗ PLANO P. 54, A1

El entorno bastante sombrío es pura India británica: techos de roble con ventiladores, fotos antiguas de críquet y trofeos de caza, pero la carta es alentadora y estimulante. Para los amantes de la variedad, hay un menú degustación de seis platos (carne/vegetariano 70/65 £). El bar abre hasta la 1.00. (☎020-3011 5900; www.gymkhanalondon.com; 42 Albemarle St, W1; principales 10-38 £, almuerzo/cena 4 platos 28,50/40 £; ⊗12.00-14.30 y 17.30-22.15 lu-sa; 🛜; ⊖Green Park)

Quilon
INDIA £££

15 ⊗ PLANO P. 54, C5

Este galardonado restaurante con estrellas Michelin probablemente sirve la mejor y más creativa comida india en todo Londres. Si bien el recinto sito en el lujoso St. James's no destaca por su encanto, los platos que sirven son un punto y aparte: gambas con guindilla y pimienta rosa, *biryani* de cordero y patas de codorniz rellenas. La carta incluye una docena de opciones exquisitas para vegetarianos. (☎020-7821 1899; www.quilon.co.uk; 41 Buckingham Gate, SW1; principales 18-35 £; ⊗12.00-14.30 y 18.00-23.00 lu-vi, 12.30-15.30 y 18.00-23.00 sa, 12.30-15.30 y 18.00-22.30 do; ⊖St James's Park)

Cafe Murano
ITALIANA ££

16 ⊗ PLANO P. 54, B2

Este soberbio y concurrido restaurante puede parecer modesto, pero con la carta sublime del norte de Italia que ofrece no necesita hacer guiños a lo llamativo y de moda. Dan lo que uno busca, y los *linguine* de langosta, panceta y bacalao con mejillones e hinojo marino son lo más cercano a la perfección culinaria. Mejor reservar. (☎020-3371 5559; www.cafemurano.co.uk; 33 St James's St, SW1; principales 18-25 £, menú comida 2/3 platos 19/23 £; ⊗12.00-15.00 y 17.30-23.00 lu-sa, 11.30-16.00 do; ⊖Green Park)

Dónde beber

Dukes London
COCTELERÍA

17 ⊗ PLANO P. 54, B2

En este pulcro y escondido bar clásico sirven martinis regios en un ambiente de club de caballeros y los maestros de chaqueta blanca mezclan unos combinados impresionantes. Ian Fleming solía beber aquí, quizá para perfeccionar la máxima de Bond "mezclado, no agitado". Los fumadores pueden relajarse en el apartado Cognac and Cigar Garden mientras saborean los puros que compran aquí mismo. (📞020-7491 4840; www.dukeshotel.com/dukes-bar; Dukes Hotel, 35 St James's Pl, SW1; 🕐14.00-23.00 lu-sa, 16.00-22.30 do; 📶; 🚇Green Park)

Rivoli Bar
COCTELERÍA

18 🔒 PLANO P. 54, B2

Quizá no haga falta un diamante tan grande como el Ritz para beber en esta maravilla *art déco*, pero siempre ayuda. Esta joya es un bar con madera de alcanfor, cristal de Lalique iluminado, bóvedas doradas y cócteles. A diferencia de otras partes del Ritz, la etiqueta es elegante pero informal. (📞020-7300 2340; www.theritzlondon.com/dine-with-us/rivoli-bar; Ritz London, 150 Piccadilly, W1; 🕐11.30-23.30 lu-sa, 12.00-22.30 do; 📶; 🚇Green Park)

De compras

Paxton & Whitfield
COMIDA Y BEBIDAS

19 🔒 PLANO P. 54, C1

Este establecimiento de fachada dorada y negra, que empezó modestamente como un puesto de Aldwych en 1742, cuenta con dos cédulas reales y una prodigiosa variedad de quesos refinados. Hay para todos los gustos: duros y blandos, azules y de corteza lavada. (📞020-7930 0259; www.paxtonandwhitfield.co.uk; 93 Jermyn St, W1; 🕐10.00-18.30 lu-sa, 11.00-17.00 do; 🚇Piccadilly Circus, Green Park)

Taylor of Old Bond Street
BELLEZA

20 🔒 PLANO P. 54, B2

Esta tienda ejerce su profesión desde mediados del s. XIX y ofrece al "caballero bien acicalado" todo tipo de cuchillas, brochas y fragancias de jabones de afeitar imaginables, por no mencionar aceites, jabones y otros productos de baño. (📞020-7930 5321; www.tayloroldbondst.co.uk; 74 Jermyn St, SW1; 🕐8.30-18.00 lu-sa; 🚇Green Park, Piccadilly Circus)

Circuito a pie 🥾

De la Torre de Londres a la Tate Modern

El paseo comienza en uno de los puntos más históricos de Londres y cruza el Támesis por el espléndido Tower Bridge, antes de dirigirse al oeste junto al río, disfrutando de vistas excelentes y pasando por asombrosas obras de arquitectura moderna, historia y el Shakespeare's Globe. Termina rodeado de las obras de arte de la Tate Modern.

Datos

Inicio Torre de Londres; ⊖ Tower Hill

Final Tate Modern; ⊖ Blackfriars

Distancia 3 km; 1½ h

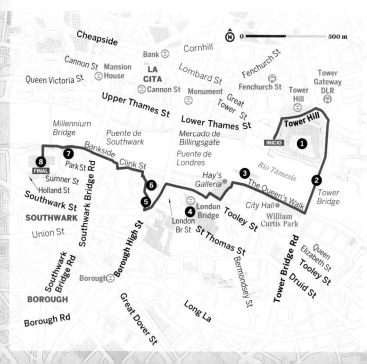

❶ Torre de Londres

La ancestral Torre de Londres (p. 112) se alza autoritaria sobre el Támesis en una ubicación distinguida, con el deslumbrante diamante Koh-i-Noor, la imponente White Tower y las significativas visitas guiadas de los Yeoman Warder.

❷ Tower Bridge

Para llegar al lado sur del Támesis se cruza este ornamentado puente del s. XIX.

❸ HMS 'Belfast'

Por Queen's Walk, al oeste, se pasa por el **City Hall** (⊘8.30-17.30 lu-vi). Más adelante está el museo flotante HMS *Belfast* (p. 138), un crucero que sirvió en la II Guerra Mundial y otros conflictos.

❹ El Shard

Se cruza el complejo comercial Hay's Galleria y se sale a Tooley St para admirar el **Shard** (p. 138), del arquitecto italiano Renzo Piano. Las vistas desde el edificio más alto de la Unión Europea son estupendas pero caras.

❺ Mercado de Borough

Más al oeste siguiendo por Tooley St y bajando por Borough High St se llega a Stoney St y el mercado de Borough (ju-sa; p. 136). Para beber cerveza, se aconseja ir por Stoney St hasta el **Rake** (☑020-7407 0557; http://boroughmarket.org.

uk/traders/the-rake; 14 Winchester Walk, SE1; ⊘12.00-23.00 lu-vi, 11.00-23.00 sa, 12.00-22.00 do; ◉London Bridge), en Winchester Walk.

❻ Catedral de Southwark

La catedral de Southwark (p. 137) es tan fascinante como apacible. Algunas partes datan de la época medieval; entre sus magníficas piezas hay un aparador isabelino y un icono de Jesús.

❼ Shakespeare's Globe

Un paseo hacia el oeste por Clink St, pasados los restos del palacio de Winchester, conduce al Bankside y al Shakespeare's Globe (p. 136). Se aconseja una visita si hay tiempo.

❽ Tate Modern

Cerca del Shakespeare's Globe, al oeste, está el Millennium Bridge (p. 138) y la notoria galería de arte moderno y contemporáneo Tate Modern (p. 130).

✗ Una pausa

Los viernes y sábados se puede comprar comida para llevar en el **mercado de Borough**. Otros días conviene ir al **Arabica Bar & Kitchen** (p. 141) y degustar magnífica cocina contemporánea de Oriente Próximo.

Explorar ⊚

National Gallery y Covent Garden

En el centro del West End, el barrio que rodea la National Gallery y el Covent Garden es de visita obligada. Es la zona más bulliciosa de la ciudad y cuenta con monumentos históricos, restaurantes elegantes, locales de ocio sobresalientes y pubs. Los amantes de las compras se encontrarán aquí en el séptimo cielo.

Se empieza por la National Gallery (p. 66). Trafalgar Sq (p. 72) es perfecta para descansar y admirar las vistas, y la National Portrait Gallery (p. 72) acoge exposiciones espectaculares. Se puede almorzar en su restaurante Portrait (p. 77). Se pasea hacia el este por The Strand para deambular por Covent Garden Piazza (p. 74), comprar, curiosear y ver a los artistas callejeros. El London Transport Museum (p. 72) es excelente, sobre todo si se va con niños. Se puede tomar el ascensor y subir al 5th View (p. 76) en Piccadilly, o hacer cola para degustar tapas en Barrafina (p. 76). Para unas copas tras la cena, se recomienda el Lamb & Flag (p. 80) o el Gordon's Wine Bar (p. 80); de lo contrario, se pueden comprar entradas para un musical del West End, una obra de teatro o la ópera.

Cómo llegar y desplazarse

⊖ Piccadilly Circus, Leicester Sq y Covent Garden (línea Piccadilly) o Leicester Sq, Charing Cross y Embankment (línea Northern).

Véase el plano en p. 70.

Trafalgar Square (p. 72). ALICE PHOTO/SHUTTERSTOCK ©

Principales puntos de interés 📷
National Gallery

Con unas 2300 obras europeas en exposición, es una de las pinacotecas más exquisitas del mundo, con pinturas relevantes que abarcan desde mediados del s. XIII hasta principios del s. XX, incluidas obras de Leonardo da Vinci, Miguel Ángel, Tiziano, Van Gogh y Renoir.

◉ PLANO P. 70, E6
☎ 020-7747 2885
www.nationalgallery.org.uk
Trafalgar Sq, WC2
gratis
🕐 10.00-18.00 sa-ju, hasta 21.00 vi
⊖ Charing Cross

Ala Sainsbury

El ala Sainsbury (1260-1510) alberga magníficas pinturas religiosas y obras maestras inusuales, como *Venus y Marte,* de Botticelli. La *Virgen de las Rocas* (sala 66) de Leonardo da Vinci es una obra maestra tanto técnica como visualmente.

Ala oeste y ala norte

Las obras del Alto Renacimiento (1500-1600) embellecen el ala oeste gracias a autores como Miguel Ángel, Tiziano, Rafael, Correggio, El Greco y Bronzino, mientras que Rubens, Rembrandt y Caravaggio adornan el ala norte (1600-1700). Destacan dos autorretratos de Rembrandt (a los 34 años en la sala 24 y a los 63 en la sala 23) y la hermosa *Venus del espejo* de Velázquez (sala 30).

Ala este

El ala este (1700-1900) alberga obras de artistas británicos del s. XVIII como Gainsborough, Constable y Turner, y obras maestras impresionistas y posimpresionistas de Van Gogh, Renoir y Monet.

'Lluvia, vapor y velocidad. El gran ferrocarril del Oeste'

En la sala 34, este magnífico óleo de Turner data de 1844. Aunque parece representar el puente de Maidenhead, en realidad refleja las fuerzas que estaban cambiando el mundo: los trenes, la velocidad y una reinterpretación de la luz, el ambiente y el color en el arte.

'Los girasoles'

La sala 45 alberga una de las muchas muestras de esta obra maestra pintada por Van Gogh a finales de 1888. La viveza de los colores aporta una fuerte sensación de afianzamiento.

★ Consejos

o Cada día a las 11.30 y 14.30 y a las 19.00 los viernes hay visitas guiadas de 1 h desde el mostrador de información del ala Sainsbury.

o Los que deseen pasear solos, pueden hacer uso de la estupenda audioguía (4 £).

o Hay recorridos especiales y actividades para niños.

o Los viernes permanece abierta hasta las 21.00.

✗ Una pausa

El restaurante del museo, el **National Dining Rooms** (⊙10.00-17.30 sa-ju, hasta 20.30 vi; principales 14,50-21 £), ofrece una carta mensual de comida británica, sustanciosa pero cara.

En el mismo recinto, el **National Cafe** (⊙ 8.00-19.00 lu, hasta 22.00 ma-ju, hasta 22.30 vi, 9.00-19.00 sa, 9.00-18.00 do; menú almuerzo 2/3 platos 17/21 £) sirve platos ligeros en un entorno de estilo bistró.

Circuito a pie 🥾

Un paseo por el Soho

El barrio se muestra en su esplendor por las noches, aunque de día su lado bohemio y libresco, su vitalidad, diversidad y energía creativa resultan fascinantes. Se recomienda partir de Chinatown y recorrer los sugerentes callejones, las plazas y los mercados callejeros hasta alguno de los bares típicos de la zona.

Datos

Inicio Chinatown; ⊖ Leicester Sq

Final French House Soho; 🚇 Leicester Sq o Piccadilly Circus

Distancia 2 km; 3-6 h

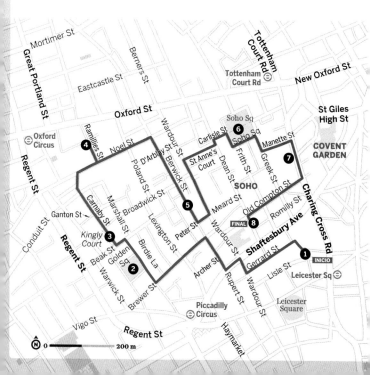

❶ Explorar Chinatown

Lisle St y Gerrard St, al norte de la estación de metro Leicester Sq, son el núcleo de la comunidad china. Un estrecho laberinto de supermercados, restaurantes y locales donde comer pato asado o *dim sum*.

❷ Relajarse en Golden Square

Al norte de Brewer St, la histórica Golden Square –que Charles Dickens representó en *La vida y aventuras de Nicholas Nickleby*– formó parte antaño de una zona llamada Windmill Fields. Esta plaza del s. XVIII es obra, casi con total seguridad, de Christopher Wren.

❸ Ropa de firma en Carnaby Street

Con sus fachadas de colores, la peatonal Carnaby St (y colindantes como Great Marlborough St) es un refugio de marcas y *boutiques* de diseño. Todos los grandes nombres tienen tiendas aquí.

❹ Visitar la Photographers' Gallery

La magnífica **Photographers' Gallery** (16-18 Ramillies St, W1; adultos/ niños 4 £/gratis; ⏱10.00-18.00 lu-sa, hasta 20.00 ju, 11.00-18.00 do) tiene cinco plantas de espacio expositivo, un café y una tienda repleta de impresiones y libros de fotografía.

❺ Productos para un pícnic en Berwick Street

El **mercado de Berwick Street** (⏱9.00-18.00 lu-sa) sigue en su ubicación original desde finales del s. XVIII. Es un buen lugar para abastecerse para un pícnic o de comida preparada. Berwick St sale en la portada del disco *(What's the Story) Morning Glory?* de Oasis.

❻ Parada en Soho Square

Se aconseja atajar por St Anne's Ct hasta Dean St (en cuyo nº 28 vivieron Karl Marx y familia de 1851 a 1856). Más adelante, en la arbolada Soho Sq la gente se tumba cuando hace sol y calor. Se trazó en 1681 y al principio se llamó King's Sq.

❼ Curiosear en Foyles

Hasta los títulos más desconocidos esperan ser descubiertos en **Foyles** (⏱9.30-21.00 lu-sa, 11.30-18.00 do), la legendaria librería londinense. **Grant & Cutler** (⏱9.30-21.00 lu-sa, 11.30-18.00 do), la mayor librería de libros extranjeros del Reino Unido, está en el 4º piso, y el magnífico café, en el 5º.

❽ Tomar un vino en French House

Bajando por Old Compton St se llega al **French House Soho** (⏱12.00-23.00 lu-sa, hasta 22.30 do), legendario bar bohemio del Soho y lugar de encuentro de miembros de la Francia Libre durante la II Guerra Mundial; se dice que De Gaulle, Dylan Thomas, Peter O'Toole y Francis Bacon solían beber aquí.

A **B** **C** **D**

1

Mortimer St

Riding Wells St

⊙30

All Saints ⊙9

Margaret St

Berners St

Newman St

Gresse St

Rathbone Pl

Hanway St

Bedford Ave

Great Russell St

Tottenham Court Rd

Tottenham Court Rd

N 0 ———— 200 m

Eastcastle St

2

Winsley St

Oxford St

Sutton Row

Denmark St

Charing Cross Rd

Ramillies St

◄⊙24

Poland St

Noel St

Great Chapel St

29 ✪

Soho Sq

Frith St

34 ✪

Manette St

3

19 ◄

Great Marlborough St

D'Arblay St

St Anne's Ct

Dean St

Greek St

⊙37

Poland St

Berwick St

Wardour St

Berwick St Market

18 ⊗

32

🔒37

Marshall St

Broadwick St

Ingestre Pl

Peter St

Meard St

Old Compton St

SOHO

4

40

Regent St

Ganton St

Carnaby St

Beak St

21

Lexington St

Great Windmill St

Great Archer St

Shaftesbury Ave

Wardour St

Rupert St

Gerrard St

Chinatown

11

Lisle St

Prince Charles Cinema

Leicester Sq

Golden Sq

Birdie La

⊗20

Brewer St

Sherwood St

Denman St

15 ⊗

LEICESTER SQUARE

5

Savile Row

Heddon St

Warwick St

17 ⊗

GlasshouseSt

Piccadilly Circus

7⊙

Piccadilly Circus

33

Oxendon St

Panton St

Leicester St

St Martin's St

Whitcomb St

6

Old Bond St

Burlington Gardens

Burlington Arcade

Sackville St

Regent St

Eagle Pl

39

Piccadilly

4⊙

St James's Piccadilly

Jermyn St

St Alban's St

Haymarket

Regent St

🔒38

🔒35

🔒36

Duke of York St

Jermyn St

Duke St

ST JAMES'S

Charles II St

Charles II St

Suffolk St

Pall Mall

Cockspur St

A **B** **C** **D**

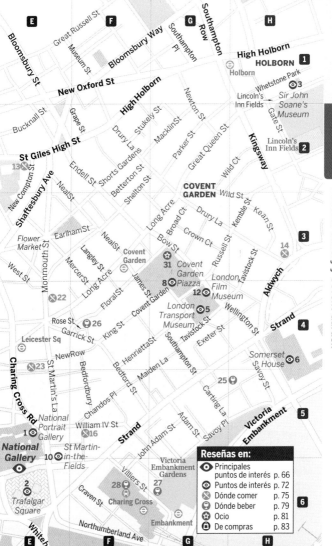

E Bloomsbury St
F Great Russell St
G Southampton Row
H

Great Russell St
Museum St
Bloomsbury Way
Southampton Pl

High Holborn
HOLBORN **1**
Holborn

New Oxford St

High Holborn

Whetstone Park
3
Lincoln's
Inn Fields → Sir John
Soane's
Museum
Gate St

Bucknall St
Grape St
Stukely St
Macklin St
Newton St
Parker St
Great Queen St
Kingsway

St Giles High St
Lincoln's
Inn Fields **2**

13
New Compton St
Endell St
Shorts Gardens
Betterton St
Shelton St
Drury La
Wild Ct
Wild St
COVENT
GARDEN

Shaftesbury Ave
Neal St

Flower
Market St
Earlham St
Neal St
Long Acre
Broad Ct
Bow St
Crown Ct
Drury La
Kemble St
Kean St
3
14

West St
Monmouth St
Langley St
Mercer St
Long Acre
Floral St
James St
Covent Garden
Covent
Garden
31
Covent
Garden
8 Piazza
12
London
Film
Museum
Russell St
Tavistock St
Aldwych

22

Rose St
26
Garrick St
King St
Covent Garden
London
Transport
Museum **5**
Southampton St
Tavistock St
Exeter St
Wellington St
Strand **4**

Leicester Sq
New Row
Henrietta St
Maiden La
Somerset
House **6**
Savoy St

23
St Martin's La
Bedfordbury
Bedford St
Chandos Pl
Southampton St
25
Carting La

Charing Cross Rd
National
Portrait
1 Gallery
William IV St
16
Strand
John Adam St
Adam St
Savoy Pl
Victoria
Embankment **5**

St Martin-
National
Gallery **10** in-the-
Fields

2
Trafalgar
Square
Villiers St
Victoria
Embankment
Gardens
28 **27**
Charing Cross
Craven St
Embankment
Northumberland Ave

Whiteha...

G

Reseñas en:	
● Principales puntos de interés	p. 66
◉ Puntos de interés	p. 72
✕ Dónde comer	p. 75
🍺 Dónde beber	p. 79
★ Ocio	p. 81
🛍 De compras	p. 83

6

Puntos de interés

National Portrait Gallery
GALERÍA

1 ◎ PLANO P. 70, E5

La National Portrait Gallery resulta tan irresistible por su familiaridad. Destacan el retrato de Chandos de William Shakespeare, primera obra que adquirió la galería (en 1856) y que se cree que es el único realizado en vida del dramaturgo, así como un conmovedor boceto de la novelista Jane Austen hecho por su hermana. (☎020-7321 0055; www.npg.org.uk; St Martin's Pl, WC2; gratis; ⊙10.00-18.00 sa-mi, hasta 21.00 ju y vi; ⊖Charing Cross, Leicester Sq)

Trafalgar Square
PLAZA

2 ◎ PLANO P. 70, E6

Es el auténtico centro de Londres y acoge mítines y desfiles, celebraciones multitudinarias de Año Nuevo y cualquier actividad, como cine al aire libre, celebraciones navideñas o protestas políticas. La Columna de Nelson, de 52 m de altura, domina la plaza y está rodeada de espléndidos edificios, como la National Gallery (p. 66) y la iglesia de St Martin-in-the-Fields (p. 74). (⊖Charing Cross)

Sir John Soane's Museum
MUSEO

3 ◎ PLANO P. 70, H1

Este pequeño museo es uno de los lugares más evocadores y fascinantes de Londres. Está en la cautivadora casa del arquitecto sir John Soane (1753-1837), que dejó inundada de singulares curiosidades y efectos personales, junto con una vasta colección arqueológica y arquitectónica. (☎020-7405 2107; www.soane.org; 12 Lincoln's Inn Fields, WC2; gratis; ⊙10.00-17.00 mi-do; ⊖Holborn)

St James's Piccadilly
IGLESIA

4 ◎ PLANO P. 70, B6

Es la única iglesia (1684) construida por Christopher Wren desde cero y una de las pocas establecidas en un enclave original (la mayoría de las iglesias londinenses suplen a las destruidas en el Gran Incendio). La fuente bautismal con las imágenes de Adán y Eva y el retablo del altar son creaciones de Grinling Gibbons. (☎020-7734 4511; www.sjp.org.uk; 197 Piccadilly, W1; ⊙8.00-20.00; ⊖Piccadilly Circus)

London Transport Museum
MUSEO

5 ◎ PLANO P. 70, G4

Este entretenido e informativo museo da a conocer la evolución de Londres como resultado de un mejor transporte y alberga desde carros de caballos hasta omnibuses, pasando por los primeros taxis, vagones de metro que se pueden conducir o una vista previa del Crossrail (un nuevo servicio ferroviario de alta frecuencia que recorrerá los 120 km que unen Reading con Essex). Se empieza en la planta 2, y no hay que

El cuarto pedestal

Tres de los cuatro pedestales de las esquinas de Trafalgar Square están coronados por estatuas de eminencias: el rey Jorge IV a caballo, el general sir Charles Napier y el comandante general sir Henry Havelock. El cuarto, originalmente destinado a una estatua de Guillermo IV, permaneció prácticamente vacío durante más de un siglo y medio. La Royal Society of Arts concibió lo que ahora se llama la Cuarta Comisión de Rodapié en 1999, y decidió utilizar el espacio para obras de artistas contemporáneos, que se exponen durante 18 meses en "el parque de esculturas más pequeño del mundo". Divertidas y desafiantes, crean una sensación disonante con el lujoso entorno de Trafalgar Sq.

perderse la tienda del museo, que ofrece recuerdos originales, incluidos los históricos pósters del *tube*, los calcetines con la frase "Mind the Gap" y las camisetas con "Way Out". (☎020-7379 6344; www.ltmuseum.co.uk; Covent Garden Piazza, WC2; adultos/niños 17,50 £/gratis; ⊙10.00-18.00; ⊖Covent Garden)

Somerset House

EDIFICIO HISTÓRICO

6 ⊙ PLANO P. 70, H4

Diseñada por William Chambers en 1775 para los departamentos gubernamentales y las sociedades reales (de hecho, es el primer edificio oficial del mundo), Somerset House alberga ahora varias galerías fabulosas. En el ala norte, cerca de la entrada de The Strand, la **Courtauld Gallery** (http://courtauld.ac.uk; adultos/niños 8 £/gratis, exposición temporal variable; ⊙10.00-18.00) acoge numerosas obras de los ss. XIV a XX, incluidas obras maestras de Rubens, Botticelli, Cézanne, Degas, Renoir, Seurat, Manet, Monet, Leger y otros. Las **Embankment Galleries** en el ala sur están dedicadas a exposiciones temporales (fotografía, diseño y moda en su mayoría); los precios y horarios varían. (☎020-7845 4600; www.somersethouse.org.uk; The Strand, WC2; ⊙galerías 10.00-18.00, patio 7.30-23.00, terraza 8.00-23.00; ⊖Temple, Covent Garden)

Piccadilly Circus

PLAZA

7 ⊙ PLANO P. 70, C5

El arquitecto John Nash diseñó Regent St y Piccadilly en la década de 1820 para que fueran las dos calles más elegantes de la ciudad, pero, frenado por los urbanistas, no pudo cumplir su sueño. Puede que la actual Piccadilly Circus le decepcionara, aunque sin duda le sorprendería: una vorágine de tráfico, inundada de visitantes y flanqueada por paneles publicitarios luminosos. (⊖Piccadilly Circus)

Diversión en la Somerset House

El patio de la Somerset House (p. 73) se transforma en una popular pista de patinaje sobre hielo en invierno y se usa para conciertos y otras actuaciones en verano. La **Summer Screen** (cuando el Great Court se convierte en un cine al aire libre durante una quincena a principios de agosto) es muy popular. Tras el edificio hay una terraza soleada y un café con vistas al embarcadero.

Covent Garden Piazza   PLAZA

8 ⊙ PLANO P. 70, G4

Mercado mayorista de frutas y verduras de Londres hasta 1974, es hoy coto de turistas, que la invaden para comprar en las antiguas y pintorescas galerías comerciales, comer y beber en cualquiera de los innumerables cafés y restaurantes, explorar las eclécticas tiendas, echar monedas a los artistas callejeros que hacen de estatuas y visitar el ameno London Transport Museum (p. 72). En el lado oeste de la plaza está la espléndida **iglesia de St Paul** (☎020-7836 5221; www.actorschurch. org; Bedford St, WC2; ☉8.30-17.30 lu-vi, 9.00-13.00 do, variable sa; ⊖Covent Garden), de 1633. (☎020-7836 5221; ⊖Covent Garden)

All Saints   IGLESIA

9 ⊙ PLANO P. 70, A1

En 1859, el arquitecto William Butterfield completó uno de los ejemplos más destacados del país de la arquitectura neogótica victoriana con un exquisito alicatado y suntuosas vidrieras en esta nave de 20 m de largo. (☎020-7636 1788; www.allsaintsmargaretstreet.org. uk; 7 Margaret St, W1; ☉7.00-19.00; ⊖Oxford Circus)

St Martin-in-the-Fields   IGLESIA

10 ⊙ PLANO P. 70, E5

Esta iglesia parroquial de la familia real es una bonita fusión de estilos neoclásico y barroco. Diseñada por James Gibbs y completada en 1726, sirvió de modelo para muchas iglesias de madera de Nueva Inglaterra. Es famosa por sus conciertos de música clásica, muchos a la luz de las velas (9-30 £). (☎020-7766 1100; www. stmartin-in-the-fields.org; Trafalgar Sq, WC2; ☉8.30-13.00 y 14.00-18.00 lu, ma, ju y vi, 8.30-13.00 y 14.00-17.00 mi, 9.30-18.00 sa, 15.30-17.00 do; ⊖Charing Cross)

Chinatown   ZONA

11 ⊙ PLANO P. 70, D4

Justo al norte de Leicester Sq, pero a un mundo de distancia, Lisle St y Gerrard St conforman el núcleo de la creciente comunidad china. Si bien no es tan grande como el de otras ciudades (solo son dos calles), el animado barrio tiene puertas orientales, letreros chinos, farolillos rojos, restaurantes y locales de fideos, supermercados asiáticos y tiendas de regalos. La calidad de la comida varía enormemente, pero hay una buena selección de lugares para *dim sum* y platos de toda China y otras partes de Asia. (https://china town.co.uk; ⊖Leicester Sq)

London Film Museum

MUSEO

12 ◉ PLANO P. 70, G4

Su principal y singular atractivo es la exposición *Bond in Motion*. Uno puede conocer la mayor colección oficial de vehículos de 007, incluido el sumergible Lotus Esprit de Bond (*La espía que me amó*), el mítico Aston Martin DB5, el Rolls Royce Phantom III de Goldfinger, el Aston

Martin V8 de Timothy Dalton (*Alta tensión*) y varios de Daniel Craig (*Spectre*). La visita con audio cuesta 5 £. (☎020-7836 4913; www. londonfilmmuseum.com; 45 Wellington St, WC2; adultos/niños 14,50/9,50 £; ⏱10.00-18.00 do-vi, hasta 19.00 sa; ⊖Covent Garden)

Dónde comer

Kanada-Ya

FIDEOS £

13 ⊗ PLANO P. 70, E2

Las colas pueden impresionar a las puertas de este pequeño y popular establecimiento en el cual no se aceptan reservas. El *tonkotsu* (*ramen* a base de cerdo) atrae a los comensales por sus tres tipos de fideos servidos en cuencos humeantes, sumergidos en un delicioso caldo y de sabores

Mercado de Covent Garden.

suculentos. El restaurante también sirve *onigiri* (bolas de arroz envueltas en alga de mar seca; 2 £). (☏020-7240 0232; www.kana da-ya.com; 64 St Giles High St, WC2; principales 10,50-14 £; ☺12.00-15.00 y 17.00-22.30 lu-sa, 12.00-20.30 do; ⊖Tottenham Court Rd)

Delaunay

BRASERÍA ££

14 🍴 PLANO P. 70, H3

Esta elegante *brasserie* al sureste de Covent Garden es una especie de híbrido franco-alemán, donde los escalopes y las salchichas no desentonan con los *croque-mon-sieurs* y el *choucroute alsacienne* (chucrut al estilo de Alsacia). Más relajado si cabe es el adyacente **Counter at the Delaunay**. (☏020-7499 8558; www.thedelaunay.com; 55 Aldwych, WC2; principales 7,50-35 £; ☺7.00-24.00 lu-vi, 8.00-24.00 sa, 9.00-23.00 do; 🛜; ⊖Temple, Covent Garden)

Palomar

JUDÍA ££

15 🍴 PLANO P. 70, C4

El ambiente animado de esta celebración de la cocina moderna de Jerusalén es contagioso. El paté de hígado de pollo troceado al estilo yidis, la polenta al estilo de Jerusalén y el hummus de pulpo son todos exquisitos, pero las raciones son pequeñas, por lo que es mejor compartir varios platos. (☏020-7439 8777; http://thepalomar. co.uk; 34 Rupert St, W1; principales 9-17 £; ☺12.00-14.30 y 17.30-23.00 lu-sa, 12.30-15.30 y 18.00-21.00 do; 🛜; ⊖Piccadilly Circus)

Barrafina

ESPAÑOLA ££

16 🍴 PLANO P. 70, F5

En este local donde se entrecruzan raudas algunas de las mejores tapas de la ciudad no se aceptan reservas. Suelen formarse colas de más de una hora y hay que acudir con el ánimo de esperar. Los bocados son exquisitos: flores de calabacín rellenas (7,80 £), orejas de lechón (6,80 £) y tostada de cangrejo (8 £). (☏020-7440 1456; www.barrafina.co.uk; 10 Adelaide St, WC2; tapas 6,50-15,80 £; ☺12.00-15.00 y 17.00-23.00 lu-sa, 13.00-15.30 y 17.30-22.00 do; ⊖Embankment, Leicester Sq)

5th View

INTERNACIONAL ££

Las vistas de Westminster desde la última planta de Waterstones en Piccadilly son solo una parte. Si se le añade un comedor apacible y sofisticado (véase **39** ⑩ plano p. 70, B5) y una comida deliciosa, es una joya. Se recomiendan los platos de *meze* y *antipasti* griegos (15,50 £) para compartir, y el almuerzo de precio fijo (2/3 platos 16,95/19,95 £, con copa de vino). (☏020-7851 2433; www.5thview.com; 5º piso, Waterstone's Piccadilly, 203-206 Piccadilly, W1; principales desde 8,50 £; ☺9.00-21.30 lu-sa, 12.00-17.00 do; ⊖Piccadilly Circus)

Brasserie Zédel

FRANCESA ££

17 🍴 PLANO P. 70, B5

Esta *brasserie* en el renovado salón *art déco* de un antiguo hotel es el restaurante más francés al oeste de Calais. Entre los favoritos destacan el *choucroute alsa-cienne* (chucrut con salchichas y fiambres, 15,50 £) o el *steak haché* (carne picada) con salsa de pimienta y patatas fritas (9,75 £). Los menús (2/3 platos 9,95/13,25 £) y platos del día (12,95 £) ofrecen una excelente relación calidad-precio en un entorno magnífico. (☏020-7734 4888; www.brasseriezedel.com; 20 Sherwood St, W1; principales 9,75-25,75 £; ◷11.30-24.00 lu-sa, hasta 23.00 do; ☏; ⊖Piccadilly Circus)

Koya Bar   JAPONESA £

18 ✖ PLANO P. 70, D3

Mejor llegar pronto para no hacer cola en este restaurante japonés, informal pero exquisito, con asientos en la barra. Los londinenses vienen por los auténticos fideos *udon* (calientes o fríos, en sopa o con una salsa fría), el servicio eficiente y unos precios muy razonables. Los fideos *udon saba*, con porciones de caballa ahumada y berros, son deliciosos. (www.koya.co.uk; 50 Frith St, W1; principales 7-15 £; ◷8.30-22.30 lu-mi, hasta 23.00 ju y vi, 9.30-23.00 sa, hasta 22.30 do; ⊖Tottenham Court Rd, Leicester Sq)

Portrait   EUROPEA MODERNA £££

Este imponente restaurante encima de la National Portrait Gallery (véase 1 ◉ plano p. 70, E5) ofrece unas prodigiosas vistas de Trafalgar Square y Westminster. Es estupendo para degustar comida suculenta y relajarse tras una mañana o una tarde en la galería. El desayuno/*brunch* (10.00-11.00) y el té de la tarde (15.30-16.30)

Brasserie Zédel.

National Gallery y Covent Garden Dónde comer

El West End por poco dinero

Londres, y sobre todo el West End, puede resultar caro, pero hay un montón de trucos para estirar el dinero. Muchos museos son gratis, así que se les puede dar prioridad. Además, el West End es compacto, perfecto para caminar, ir en autobús (más barato que el metro) o en una **bici de Santander** (☎ 0343 222 6666; www.tfl.gov.uk/modes/cycling/santander-cycles). Por último, conviene salir temprano; casi todos los bares del West End ofrecen descuentos hasta las 20.00 o 21.00.

son muy recomendables. Mejor reservar. (☎ 020-7312 2490; www.npg.org.uk/visit/shop-eat-drink.php; 3er piso, National Portrait Gallery, St Martin's Pl, WC2; principales 19,50-28 £; menú 2/3 platos 28/31,50 £; ⏲ 10.00-11.00, 11.45-15.00 y 15.30-16.30 lu-do, 18.30-20.30 ju, vi y sa; 🛜; ⊖ Charing Cross)

Claridge's Foyer & Reading Room

BRITÁNICA £££

19 🍴 PLANO P. 70, A3

Tomar el té de la tarde en el vestíbulo y sala de lectura *art déco* clásicos de este emblemático hotel puede convertirse en el mejor de los recuerdos londinenses. Ambiente exquisito y vestimenta elegante o casual (evitar los vaqueros rotos y las gorras de béisbol). (☎ 020-7107 8886; www.claridges.co.uk; 49-53 Brook St, W1; té de la tarde 60 £, con champán 70 £; ⏲ 14.45-17.30; 🛜; ⊖ Bond St)

Nordic Bakery

ESCANDINAVA £

20 🍴 PLANO P. 70, B4

Es ideal para aislarse del caos del Soho y relajarse en el espacio de paneles de madera oscura en el lado sur de una exquisita plaza 'secreta'. Se puede almorzar un sándwich de pescado ahumado escandinavo o albóndiga (4,50 £), queso de cabra y ensalada de remolacha, o hacer una pausa por la tarde con un té o café y galletas artesanales de avena. Ideas creativas en el libro de la copropietaria Miisa Mink: *Nordic Bakery Cookbook*. (☎ 020-3230 1077; www.nordicbakery.com; 14a Golden Sq, W1; tentempiés 4-6 £; ⏲ 7.30-20.00 lu-vi, 8.30-19.00 sa, 9.00-19.00 do; 🛜; ⊖ Piccadilly Circus)

Mildreds

VEGETARIANA £

21 🍴 PLANO P. 70, B3

El restaurante vegetariano más creativo del centro se abarrota a mediodía, así que mejor compartir una mesa del comedor. Ofrecen platos como curri de boniato de Sri Lanka y anacardos, *tortellini* de trufa y requesón, *meze* de Oriente Próximo, ensaladas exóticas y sustanciosas, y salteados. También hay opciones para veganos y sin gluten. (☎ 020-7484 1634; www.mildreds.co.uk;

45 Lexington St, W1; principales 7-12 £;
⏰12.00-23.00 lu-sa; 🛜📶; 🚇Oxford
Circus, Piccadilly Circus)

Dishoom

INDIA £

22 ❌ PLANO P. 70, E4

Esta sucursal de una exitosa minicadena de restaurantes revitaliza
el viejo estilo de los cafés iraníes de
Bombay. Tiene un toque moderno,
ventiladores en el techo, vidrieras de
espejo y fotos de color sepia. Ofrece
suculentos *sheekh kabab* y pollo
especiado con arroz rojo, ocra frita
y tentempiés como *bhel* (mezcla de
Bombay de arroz inflado con grana-
da, cebolla, lima y menta).

Las normas para reservar son
complicadas: grupos de hasta
seis hasta las 17.45, y con más
personas después de esa hora. No
se aceptan reservas el mismo día.
(📞020-7420 9320; www.dishoom.
com; 12 Upper St Martin's Lane, WC2;
principales 5,50-11,20 £; ⏰8.00-23.00
lu-ju, hasta 24.00 vi, 9.00-24.00 sa,
hasta 23.00 do; 🛜; 🚇Covent Garden)

J Sheekey

PESCADO £££

23 ❌ PLANO P. 70, E4

El pedigrí de este restaurante, una
joya del panorama gastronómico
local, se remonta a los últimos
años del s. XIX. Tiene cuatro
comedores elegantes, discretos
y amplios con paneles de madera
en los que pueden saborearse las
riquezas del mar, sencillas y exquisitas. El menú de fin de semana,
de tres platos, cuesta 28,75 £.

Destaca también el **Atlantic
Bar** (12.00-24.00 lu-sa, 17.00-
24.00 do), popular por sus
ostras y marisco. (📞020-7240
2565; www.j-sheekey.co.uk; 28-32 St
Martin's Ct, WC2; principales 17,50-
44 £; ⏰12.00-15.00 y 17.30-24.00 lu-
sa, 12.00-15.00 y 17.30-22.30 do;
🛜; 🚇Leicester Sq)

Dónde beber

American Bar

BAR

24 🅿 PLANO P. 70, A2

Este elegante bar en el emblemático hotel Beaumont permite disfrutar de un *bourbon* o un cóctel en el
ambiente *art déco* de los clásicos
años treinta. Es céntrico, formal
y recuerda un club de caballeros,
pero está lejos de ser sofocante.
(www.thebeaumont.com/dining/
american-bar; The Beaumont, Brown
Hart Jardines, W1; ⏰11.30-24.00 lu-sa,
hasta 23.00 do; 🛜; 🚇Bond St)

American Bar

COCTELERÍA

25 🅿 PLANO P. 70, H5

Hanky Panky, White Lady y otros
combinados clásicos creados
in situ han convertido a este
exquisito y elegante local en todo
un icono londinense. De líneas
suaves y azuladas y estilo *art déco*,
ofrece música de piano en directo.
Los precios de los cócteles oscilan
entre 17,50 £ y una inverosímil cifra
de 5000 £ (el Original Sazerac,
que contiene coñac de Sazerac de
Forge de 1857). (📞020-7836 4343;
www.fairmont.com/savoy-london/
dining/americanbar; Savoy, The Strand,
WC2; ⏰11.30-24.00 lu-sa, 12.00-24.00
do; 🚇Covent Garden)

Lamb & Flag.

Lamb & Flag

PUB

26 🔲 PLANO P. 70, F4

Este *pub* mediano, el favorito absoluto en el centro de Londres, rebosa encanto e historia y ocupa el emplazamiento de otro *pub* que data de 1772. Llueva o haga sol, hay que abrirse paso hasta el bar entre el alegre público que bebe fuera. Dentro dominan los acabados de metal y los suelos de madera chirriante. (📞020-7497 9504; www.lambandflagcoventgarden.co.uk; 33 Rose St, WC2; 🕙11.00-23.00 lu-sa, 12.00-22.30 do; 🚇Covent Garden)

Gordon's Wine Bar

BAR

27 🔲 PLANO P. 70, G6

Este bar cavernoso y cautivador a la luz de las velas es víctima de su propio éxito: siempre está lleno y a menos que se llegue antes que los que van después de la oficina (en torno a las 18.00), es imposible conseguir mesa. Los vinos de Francia y el Nuevo Mundo son cabezones y de precio razonable; se sirve por copas, *beakers* (12 cl), *schooners* (15cl) o la botella. (📞020-7930 1408; https://gordonswinebar.com; 47 Villiers St, WC2; 🕙11.00-23.00 lu-sa, 12.00-22.00 do; 🚇Embankment, Charing Cross)

Heaven

CLUB, GAY

28 🔲 PLANO P. 70, F6

Esta veterana y popular discoteca gay/mixta bajo los arcos de la estación Charing Cross siempre ha programado excelentes conciertos y sesiones. Monday's Popcorn (fiesta *dance* mixta, abierta a todo el mundo) es una de las mejores

Cine económico en el West End

Los precios de las entradas en los cines de Leicester Sq son escandalosos, así que conviene esperar a que los estrenos se proyecten en el **cine Prince Charles** (plano p. 70, D4; www.princecharlescinema. com; 7 Leicester Pl, WC2; entradas 5-16 £; Leicester Sq), el más barato del centro de Londres, donde los que no son socios solo pagan 9-11,50 £ por los estrenos. También hay minifestivales, coloquios con directores de cine, clásicos, maratones cinematográficos y las famosas proyecciones-karaoke de *Frozen*, *The Sound of Music* y *Rocky Horror Picture Show* (16 £).

noches de discoteca entre semana en la capital. El famoso G-A-Y es los jueves (G-A-Y Porn Idol), los viernes (G-A-Y Camp Attack) y los sábados (el G-A-Y de toda la vida). (http://heaven-live.co.uk; Villiers St, WC2; 23.00-5.00 lu, hasta 4.00 ju y vi, 22.30-5.00 sa; Embankment, Charing Cross)

Ocio

Pizza Express Jazz Club

JAZZ

29 PLANO P. 70, C2

Ha sido uno de los mejores locales de *jazz* en Londres desde su apertura en 1969. Ubicado en un sótano, es muy popular. Muchos artistas de renombre actúan aquí y figuras fascinantes como Norah Jones, Gregory Porter o Amy Winehouse se dejaron ver en sus inicios. (020-7439 4962; www. pizzaexpresslive.com/venues/soho-jazz-club; 10 Dean St, W1; entradas 15-40 £; Tottenham Court Rd)

Wigmore Hall

MÚSICA CLÁSICA

30 PLANO P. 70, A1

Esta es una de las mejores y más activas salas (400 actuaciones al año) de música clásica de la ciudad, no solo por su fantástica acústica, su sala *art nouveau* y su gran variedad de conciertos y recitales, sino también por la calidad de las interpretaciones. Construida en 1901, se ha mantenido como uno de los mejores lugares del mundo para música de cámara. (www.wigmore-hall.org.uk; 36 Wigmore St, W1; Bond St)

Royal Opera House

ÓPERA

31 PLANO P. 70, G3

La ópera clásica en Londres goza de un escenario fantástico en la Covent Garden Piazza y acudir aquí una noche es una experiencia cara pero suntuosa. Aunque el programa se ha completado con influencias modernas, los atractivos principales siguen siendo la ópera y el *ballet* clásico (todas las producciones son maravillosas

y los intérpretes, excelentes).
(☎020-7304 4000; www.roh.org.
uk; Bow St, WC2; entradas 4-270 £;
✪Covent Garden)

Ronnie Scott's
JAZZ

32 ✪ PLANO P. 70, D3

En 1965 Ronnie Scott inauguró su
club de *jazz*, que pasó a convertirse en el mejor y más conocido
de su clase en Gran Bretaña. Los
conciertos de primerizos son a las
19.00 y los principales a las 20.15
(20.00 do) y a las 23.15 (vi y sa)
(consultar antes). Se ofrece un
espectáculo más informal y nocturno entre 1.00 y 3.00. Cuestan
en torno a las 25 £; el nocturno y
el del almuerzo de los domingos
solo cuestan 10 £. (☎020-7439
0747; www.ronniescotts.co.uk; 47 Frith
St, W1; ✸19.00-3.00 lu-sa, 13.00-16.00

y 20.00-24.00 do; ✪Leicester Sq,
Tottenham Court Rd)

Comedy Store
COMEDIA

33 ✪ PLANO P. 70, C5

Uno de los primeros (y aún de los
mejores) clubes de comedia de
Londres. La Comedy Store Players
de los miércoles y domingos por la
noche es la sesión de improvisación más famosa de la ciudad, con
Josie Lawrence, hoy una veterana
de dos décadas; los jueves, viernes
y sábados, Best in Stand Up
presenta a los mejores cómicos de
Londres.

Abren puertas a las 18.30 y
las actuaciones empiezan a las
20.00. Cuesta desde 8 £ por King
Gong (micrófono abierto todos los
lunes) hasta 22,50 £ (los mejores
asientos para Best in Stand Up los

Wigmore Hall (p. 81).

Regent Street

La bonita calle fronteriza que separa los comunes *clubbers* del Soho de los refinados gestores financieros de Mayfair fue diseñada por John Nash como una vía ceremonial para unir Carlton House (la residencia urbana del Príncipe Regente demolida hace mucho) con el espacio natural de Regent's Park. Nash tuvo que simplificar el proyecto y construir la vía pública sobre una curva, pero hoy es una calle comercial bien afianzada con algunos hermosos edificios.

Sin duda, su local más famoso es **Hamleys,** la principal juguetería de Londres. Regent St también destaca por las luces navideñas, que se encienden cada año con mucho bombo a mediados de noviembre, aunque cada vez lo hacen más temprano. La calle está cerrada al tráfico todos los domingos de julio para la celebración del conocido Summer Streets.

sábados). (📞0844 871 7699; www.thecomedystore.co.uk; 1a Oxendon St, SW1; entradas 8-22,50 £; ⊖Piccadilly Circus)

Borderline   MÚSICA EN DIRECTO

34 ⭐ PLANO P. 70, D2

Con una entrada difícil de encontrar en Orange Yard y la sala, sita en el sótano, abarrotada y con aforo para 275 personas, ofrece más de lo esperado. Aquí han tocado Ed Sheeran, REM, Blur, Counting Crows, PJ Harvey, Lenny Kravitz, Pearl Jam y muchos otros grupos anónimos *indies*. El público también es variopinto, pero suele haber mucho periodista musical y cazatalentos de discográficas.

Conciertos (7-12 £) a las 19.00 (ma-sa), con uno adicional a las 23.00 viernes y sábado. (📞020-7734 5547; http://borderline.london; Orange Yard, cerca de Manette St, W1; ⊖Tottenham Court Rd)

De compras

Fortnum & Mason   GRANDES ALMACENES

35 🏠 PLANO P. 70, A6

Con su paleta clásica verde Nilo, la "tienda de ultramarinos de la Reina" (1707) se niega a ceder a los tiempos modernos. El personal aún viste anticuados fracs y la sección de alimentación ofrece cestas, mermeladas, tés especiales, pasteles de frutas y otras delicias. Sigue siendo el comercio por excelencia de Londres. (📞020-7734 8040; www.fortnumandmason.com; 181 Piccadilly, W1; ⏱10.00-20.00 lu-sa, 11.30-18.00 do; ⊖Piccadilly Circus)

Hatchards   LIBROS

36 🔒 PLANO P. 70, B6

La librería más antigua de Londres data de 1797. Poseedora de tres cédulas reales, es una estupenda librería sita en Waterstones (minorista de libros británicos) con un sólido surtido de ediciones firmadas y un sinfín de libros muy atractivos. Hay una gran selección de primeras ediciones en la planta baja, así como eventos literarios regulares. (📞020-7439 9921; www.hatchards.co.uk; 187 Piccadilly, W1; ⏰9.30-20.00 lu-sa, 12.00-18.30 do; 🚇Green Park, Piccadilly Circus)

Liberty GRANDES ALMACENES

37 🅰 PLANO P. 70, A3

Liberty, una mezcla de estilos contemporáneos en un ambiente anticuado de falso estilo Tudor (1875), tiene un enorme departamento de cosmética, una planta de accesorios y una sección de lencería, todo a precios desproporcionados. Un recuerdo clásico de Londres es la tela con estampado Liberty, sobre todo en formato chal. (📞020-7734 1234; www.libertylondon.com; Great Marlborough St, W1; ⏰10.00-20.00 lu-sa, 12.00-18.00 do; 🚇Oxford Circus)

Penhaligon's PERFUMES

38 🅰 PLANO P. 70, A6

Ubicada en el histórico Burlington Arcade (p. 57), Penhaligon's es una perfumería británica clásica. Los empleados se informan de los olores favoritos del cliente y lo conducen a explorar la gama de productos propios a fin de que descubran nuevos aromas en sus perfumes, fragancias para el hogar y productos para el baño y el cuerpo. Todo se produce en Inglaterra. (📞020-7629 1416; www.penhaligons.com; 16-17 Burlington Arcade, W1;

Hamleys.

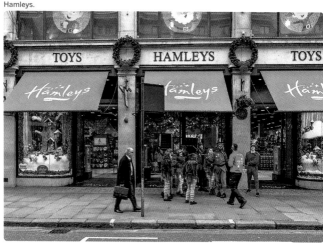

🕑9.00-18.30 lu-vi, 9.30-18.30 sa,
12.00-18.00 do; 🚇Piccadilly Circus,
Green Park)

Waterstones Piccadilly LIBROS

39 🔒 PLANO P. 70, B5

Esta megalibrería, la mayor de
Europa, cuenta con un personal
entendido y amable y ofrece
debates, firmas y charlas de los
autores. Tiene ocho plantas y hay
un estupendo bar-restaurante
en la azotea, el 5th View (p. 76),
y un café en el sótano, el Café W.
(📞020-7851 2433; www.waterstones.
com; 203-206 Piccadilly, W1; 🕑9.00-
21.30 lu-sa, 12.00-17.00 do; 🚇Piccadi-
lly Circus)

Hamleys JUGUETES

40 🔒 PLANO P. 70, A4

La juguetería presumiblemente
más antigua (y según algunos la
mayor) del mundo se trasladó
a Regent Street en 1881. Todo,
desde la colección Star Wars del
sótano y la planta baja (donde el
personal hace pompas de jabón y
lanza bumeranes de espuma con
un ensayado aire despreocupado)
hasta el café del 5º piso, pasando
por Lego World, se combina en un
abanico de juguetes superpuestos.
(📞0371 704 1977; www.hamleys.com;
188-196 Regent St, W1; 🕑10.00-21.00
lu-vi, 9.30-21.00 sa, 12.00-18.00 do;
🚇Oxford Circus)

National Gallery y Covent Garden De compras

Explorar
British Museum y Bloomsbury

El literario Bloomsbury le da un toque relajado y distinguido al centro de Londres. Con el British Museum, la British Library, universidades, editoriales, pubs literarios y maravillosas plazas georgianas, Bloomsbury es profundamente cultural, aunque de forma asequible.

El British Museum (p. 88) es visita obligada y conviene llegar pronto para hacerle justicia. Se necesita al menos toda la mañana para que la visita cunda. Se almuerza localmente antes de pasear sin prisa hacia King's Cross. Los bibliófilos encontrarán reveladora la British Library (p. 96). Bloomsbury ofrece una atractiva variedad de restaurantes internacionales para cenar, como Hakkasan (p. 100). Hay que salir de copas por los pubs de interés histórico y literario del barrio o consultar el programa de The Place (p. 103) y ver innovadores espectáculos de danza.

Cómo llegar y desplazarse

🚇 Tottenham Court Rd (líneas Northern o Central), Goodge St (Northern), Russell Sq (línea Piccadilly) o Euston Sq (líneas Circle, Hammersmith & City y Metropolitan).

🚌 Al British Museum y Russell Sq llega la línea 98, que va por Oxford St; la 91 va de Whitehall/Trafalgar Sq a la British Library.

Véase el plano en p. 94.

British Library (p. 96). GRAPHICAL_BANK/SHUTTERSTOCK ©

Principales puntos de interés 📷
British Museum

El Museo Británico, la atracción más visitada de Gran Bretaña desde hace una década, atrae a 6,5 millones de visitantes al año. Ofrece un recorrido estimulante por culturas del mundo de más de 7000 años, con 90 galerías y siete millones de exposiciones dedicadas a civilizaciones antiguas: Egipto, Asia occidental, Oriente Próximo, Roma y Grecia, la India, África, la Gran Bretaña prehistórica y romana, y antigüedades medievales.

◉ PLANO P. 94, C7

www.britishmuseum.org

Great Russell St y Monta-gue Pl, WC1

gratis

🕙 10.00-17.30 sa-ju, hasta 20.30 vi

🚇 Russell Sq, Tottenham Court Rd

Historia del museo

Se fundó en 1753 cuando el físico real Hans Sloane vendió su "gabinete de curiosidades" por la entonces principesca suma de 20 000 £, recaudada a través de la lotería nacional. La colección se abrió al público de forma gratuita en 1759, y el museo ha seguido ampliando su inventario con adquisiciones juiciosas, legados y el controvertido saqueo del Imperio.

Great Court

Lo primero que se ve al entrar es el Great Court, con un techo de cristal y acero diseñado por Norman Foster en el 2000. Es la plaza pública cubierta más grande de Europa. En el centro está la famosa **Reading Room,** otrora parte de la British Library, frecuentada por las grandes mentes de la historia, desde Mahatma Gandhi hasta Karl Marx. Hoy se usa para exposiciones temporales.

Enlightenment Galleries

Conocido antes como King's Library, este impresionante espacio neoclásico (sala 1), cerca del Great Court, se construyó entre 1823 y 1827 y constituye la primera parte del nuevo edificio tal como se ve hoy. A través de un fascinante elenco de objetos, la colección revela la eclosión de disciplinas como la biología, la arqueología, la lingüística y la geografía durante la Ilustración (s. XVIII).

Antiguo Egipto

La colección del Antiguo Egipto, atracción estelar del museo, está en la planta superior. Atesora escultura, joyería, papiros, ataúdes y momias, incluida la hermosa y enigmática momia de Katebet (sala 63). Quizá la pieza más preciada sea la **piedra de Rosetta** (sala 4), que fue clave para descifrar los jeroglíficos egipcios. En la misma galería se encuentra el enorme busto del faraón **Ramsés II** (sala 4).

★ **Consejos**

∘ El museo tiene dos entradas: una en Great Russell St y la otra en Montague Pl (generalmente menos concurrida).

∘ Evitar ver todas las secciones del museo: hay más de 5 km de pasillos. Es preferible centrarse en uno o dos períodos o civilizaciones (el Antiguo Egipto, la Gran Bretaña romana, Japón y Corea, etc.).

✕ **Una pausa**

Tras la visita, se puede reponer fuerzas en el cercano **Abeno** (www.abeno.co.uk; 47 Museum St, WC1; principales 9,75-26,80 £; ☺ 12.00-22.00) con deliciosos creps y distintos platos japoneses.

Para algo más tradicional, degústese un cremoso té en **Tea & Tattle** (www.teaandtattle.com; 41 Great Russell St, WC1; té de la tarde para uno/dos 17/33,50 £; ☺ 9.00-18.30 lu-vi, 12.00-16.00 sa; 🖥), que está enfrente.

A la conquista del museo

Dada la magnitud del museo, se aconseja planear juiciosamente varias visitas y considerar hacer un circuito gratuito. Hay hasta 15 visitas Eye-opener al día por galerías concretas (gratis; 30-40 min) El museo también ofrece charlas gratuitas al mediodía (13.15, ma-sa), un circuito Highlight de 90 min (12 £, 11.30 y 14.00 vi-do) y uno temático de 20 min gratuito los viernes por la tarde. Hay audioguía (adultos/niños 6/5,50 £) en el mostrador de audioguías del Great Court.

Tesoros asirios

Entre los tesoros asirios de la antigua Mesopotamia están los **toros alados** de Khorsabad (sala 10) y los exquisitos **relieves de la cacería de leones** de Nínive (s. VII a.C.; sala 10), cuya influencia se dejó ver en los escultores griegos. Ambos constituyen los restos más significativos en pie tras la demolición de Nimrud por parte del Estado Islámico en el 2015.

Esculturas del Partenón

Una de las principales atracciones son las esculturas del Partenón (sala 18). Se cree que el friso de mármol de 80 m de largo representa las Grandes Panateneas, el festival en honor a Atenea celebrado cada cuatro años.

El tesoro de Mildenhall y el hombre de Lindow

Arriba se alojan hallazgos de Gran Bretaña y el resto de Europa (salas 40-51) y muchos se remontan a la época de los romanos. El tesoro de Mildenhall (sala 49) es una recopilación de casi tres docenas de piezas de platería romana del s. IV a.C., hallada en Suffolk. El hombre de Lindow (sala 50) son los restos de un hombre del s. I descubierto en 1984 en una ciénaga cerca de Manchester.

Barco funerario de Sutton Hoo

Los objetos medievales de este barco funerario (sala 41), un elaborado túmulo del s. VII procedente de Suffolk, son otra visita obligada.

Ajedrez de Lewis

Las 78 piezas de ajedrez (sala 40) del s. XII con colmillos de morsa y dientes de ballena tallados son un favorito permanente. Se hallaron en una remota isla escocesa a principios del s. XIX.

Ampliación del museo

La anhelada ampliación del museo, el World Conservation & Exhibitions Centre, valorado en 135 millones de £, abrió en el 2014, el mismo año que Sainsbury Exhibitions Gallery, que alberga exposiciones de alto perfil.

British Museum

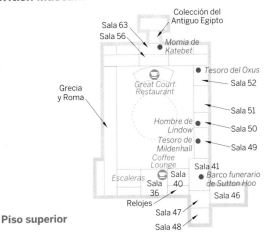

Colección del
Antiguo Egipto

Sala 63

Sala 56

Momia de
Katebet

Tesoro del Oxus

Sala 52

Grecia
y Roma

Great Court
Restaurant

Sala 51

Sala 50

Hombre de
Lindow

Tesoro de
Mildenhall

Sala 49

Coffee
Lounge

Sala 41

Escaleras

Sala
36

Sala
40

Barco funerario
de Sutton Hoo

Sala 46

Relojes

Sala 47

Piso superior

Sala 48

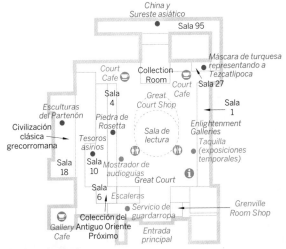

China y
Sureste asiático

Sala 95

Máscara de turquesa
representando a
Tezcatlipoca

Court
Cafe

Collection
Room

Court
Cafe

Sala 27

Sala
4

Great
Court Shop

Sala
1

Esculturas
del Partenón

Piedra de
Rosetta

Sala de
lectura

Enlightenment
Galleries

Civilización
clásica
grecorromana

Taquilla
(exposiciones
temporales)

Tesoros
asirios

Sala
18

Sala
10

Mostrador de
audioguías

Great Court

Sala
6

Escaleras

Gallery
Cafe

Grenville
Room Shop

Colección del
Antiguo Oriente
Próximo

Servicio de
guardarropa

Entrada
principal

Planta principal

Great Russell St

Circuito a pie 🥾

Un paseo literario por Bloomsbury

Charles Dickens, J. M. Barrie, W. B. Yeats, Virginia Woolf, T. S. Eliot, Sylvia Plath y otros escritores destacados de la literatura inglesa ligaron sus nombres a residencias repartidas por Bloomsbury y sus preciosas plazas.

Datos

Inicio Bedford Sq; 🚇 Goodge St

Final Museum Tavern; 🚇 Holborn o Tottenham

Distancia 1,8 km; 2-3 h

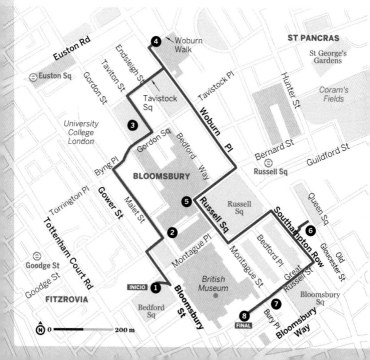

❶ Bedford Square

La plaza georgiana mejor conservada de Londres es una simbiosis del patrimonio creativo y los encantos arquitectónicos de Bloomsbury. Las oficinas principales de la editorial Bloomsbury Publishing están en el nº 50. Anthony Hope Hawkins, autor de *El prisionero de Zenda,* vivió en el nº 41 y la Hermandad Prerrafaelita se fundó muy cerca, en el nº 7 de Gower St, en 1848.

❷ Senate House

De estilo *art déco,* se halla en Malet St, una calle abarrotada de estudiantes. Albergó el Ministerio de Información durante la II Guerra Mundial e inspiró el Ministerio de la Verdad de la novela *1984,* escrita por George Orwell en 1948; su esposa Eileen trabajó en el departamento de censura de 1939 a 1942.

❸ Gordon Square

Aunque fue una plaza privada, ahora se halla abierta al público y es ideal para descansar. Está llena de placas azules que atestiguan la presencia de la grandeza literaria.

❹ W. B. Yeats y Woburn Walk

El poeta irlandés W. B. Yeats vivió en el nº 5 de Woburn Walk, tranquila calle al sur de la iglesia de St Pancras. Autor de *La Torre,* fue una figura prominente del Renacimiento céltico que promovió el patrimonio de Irlanda.

❺ Faber & Faber

Las antiguas oficinas de Faber & Faber están en la esquina noroeste de Russell Sq, donde hay una placa dedicada a T. S. Eliot, el poeta y dramaturgo estadounidense y primer editor de Faber.

❻ St George the Martyr

La iglesia de St George the Martyr data del s. xviii y está frente al *pub* histórico **Queen's Larder** (p. 101), en el extremo sur de Queen Sq; fue donde Ted Hughes y Sylvia Plath se casaron el 16 de junio de 1956 (o Bloomsday). Eligieron la fecha de la boda en honor a James Joyce.

❼ De compras literarias

Bloomsbury no sería tal sin librerías como la **London Review Bookshop** (p. 104), una de las mejores de Londres. Asociada a la revista literaria *London Review of Books,* presenta un ecléctico surtido de libros y DVD; los bibliófilos se pasan horas rebuscando en sus estanterías o absortos con sus nuevas adquisiciones en el café.

❽ De copas en la Museum Tavern

Al acabar la visita, se puede beber una merecida pinta en la Museum Tavern (p. 102), tal como hacía Karl Marx.

British Museum y Bloomsbury

PENTONVILLE

Donegal St

Rodney St

Pentonville Rd

Gt Percy St

Penton Rise

King's Cross Rd

Wharton St

Lloyd Baker St

St Cubitt St

Aston St

Coller St

Calshot St

Killick St

Caledonian Rd

Wharfdale Rd

Balfe St

King's Cross Rd

Wicklow St

Swinton St

Grays Inn Rd

ST PANCRAS

Argyle St

Cromer St

Harrison St

Sidmouth St

Heathcote St

London Canal Museum

◉ 7

York Way

✪ 25

St Chad's St

Euston Rd

Argyle St

Tonbridge St

Judd St

Leigh St

Stable St

Granary Square

◉ 6   ✕ 9

King's Blvd

18 ♦

16 🏬

King's Cross

King's Cross St Pancras

St Chad's St

Bidborough St

Hastings St

Cartwright Gdns

Flaxmarte

Camley St

Pancras Rd

St Pancras International (Eurostar)

Midland Rd

St Pancras Station & Hotel

◉ 4

30 ♦

Duke's Rd

Gasholder Park

◉ 3

Pancras Rd

Ossulston St

Chalton St

British Library

◉ 1

Churchway

Upper Woburn

St Pancras Gardens

Purchese St

Polygon Rd

SOMERS TOWN

Doric Way

Drummond Cres

10 ✕

Euston

St Pancras Way

Charrington St

Chalton St

Werrington St

Phoenix Rd

27

Euston Rd

Euston Sq

17 ♦

Royal College Rd

Crowndale Rd

Oakley Sq

Cranleigh St

Eversholt St

Melton St

Drummond St

11

Euston St

Camden St

CAMDEN TOWN

Camden High St

◉ Mornington Cres

Hampstead Rd

N ↑

0   200 m

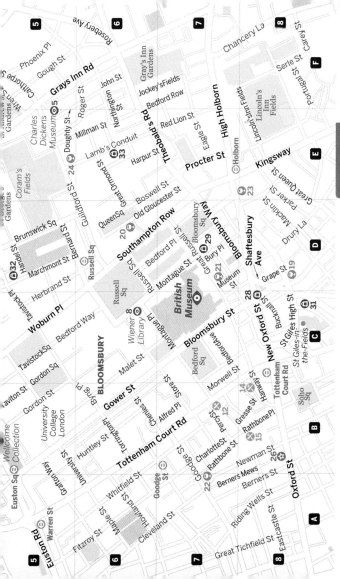

British Museum y Bloomsbury

Puntos de interés

British Library

BIBLIOTECA

1 PLANO P. 94, C3

Formada por terrazas de ladrillo rojo y ante una gran plaza con una estatua enorme de sir Isaac Newton, el edificio de Colin St John Wilson de la British Library provoca amor u odio. Terminado en 1997, alberga algunos de los mayores tesoros de la palabra escrita, incluido el *Codex Sinaiticus* (primer texto completo del Nuevo Testamento), los cuadernos de Leonardo da Vinci y una copia de la Carta Magna (1215). (www.bl.uk; 96 Euston Rd, NW1; gratis; ⊘ galerías 9.30-18.00 lu y mi-vi, hasta 20.00 ma, hasta 17.00 sa, 11.00-17.00 do; ⊖King's Cross St Pancras)

Wellcome Collection

MUSEO

2 PLANO P. 94, B5

Centrado en la interrelación de arte, ciencia y medicina, es ingenioso y deslumbrante. El alma del museo es la colección de curiosidades médicas de sir Henry Wellcome (sierras de amputar, tipos de fórceps, objetos sexuales y amuletos, etc.), que ilustran la fascinación universal por la salud y el cuerpo en todas las civilizaciones. En la galería **Medicine Now,** hay exposiciones interactivas y obras de arte provocativas diseñadas para incitar a la reflexión sobre la humanidad y el cuerpo humano. (www.wellcomecollection.org; 183 Euston Rd, NW1; gratis; ⊘ 10.00-18.00 ma, mi y vi-do, hasta 22.00 ju; ⊖Euston Sq, Euston)

Gasholder Park

PARQUE

3 PLANO P. 94, C1

Este espacio verde urbano al lado de Regent's Canal forma parte de la impresionante obra de renovación del área de King's Cross. La estructura de hierro fundido que rodeaba el Gasholder n° 8 (el depósito de gas más grande de la zona, otrora ubicado al otro lado del canal) ha sido restaurado con esmero; la adición de un césped central, unos magníficos bancos y un dosel reflectante ha transformado el entorno en un espléndido parque. (⊖King's Cross St Pancras)

Estación y hotel St Pancras

EDIFICIO HISTÓRICO

4 PLANO P. 94, D3

Al contemplar el impresionante esplendor gótico de St Pancras, cuesta creer que el Midland Grand Hotel de 1873 languideciera vacío durante años e incluso se enfren-

---

Navegar y descansar

La British Library cuenta con wifi gratis en todo el edificio. A los estudiantes les gusta pasar el rato en esta biblioteca, aunque los visitantes también pueden aprovechar el servicio mientras hacen una pausa en uno de los tres excelentes cafés y restaurantes del recinto.

Granary Square.

tara a una posible demolición en la década de 1960. Se ha devuelto la gloria de antaño a todo el complejo, que hoy acoge un hotel de cinco estrellas, 67 apartamentos de lujo y la terminal del Eurostar. Hay circuitos (20 £; 10.30, 12.00, 14.00 y 15.30 sa-do) que ofrecen un viaje fascinante por la historia del edificio, desde sus inicios como terminal sur de la línea Midlands Railway. (☑020-8241 6921; www. stpancraslondon.com; Euston Rd, NW1; ⊖King's Cross St Pancras)

Charles Dickens Museum   MUSEO

5 ◉ PLANO P. 94, E5

Una renovación de 3,5 millones de £ financiada por la Heritage Lottery Fund ha dado vida a este museo. Está en una casa de cuatro pisos, la única residencia del genial novelista victoriano que sobrevive en Londres. Se añadieron una cocina de época en el sótano y un cuarto de bebé en el ático, y la adquisición del inmueble de 49 Doughty St incrementó considerablemente el espacio expositivo. (☑020-7405 2127; www.dickens museum.com; 48 Doughty St, WC1; adultos/niños 9/4 £; ◷ 10.00-17.00 ma-do; ⊖Chancery Lane, Russell Sq)

Granary Square   PLAZA

6 ◉ PLANO P. 94, D1

Sita en una curva pronunciada de Regent's Canal al norte de la estación de trenes King's Cross, Granary Sq está en el centro de una importante zona reurbanizada de 27 Ha antaño llena de

St Giles-in-the-Fields: una letanía de miserias

Construido en lo que solía ser el campo entre la City y Westminster, **St Giles-in-the-Fields** (plano p. 94, C8; ☎020-7240 2532; www.stgiles online.org; 60 St Giles High St, WC2; 🕙 9.00-16.30 lu-vi; 🚇Tottenham Court Rd) no es demasiado atractivo, pero su historia es una crónica de los habitantes más necesitados de Londres. La estructura actual (1733) es la tercera que se levanta en los terrenos de una capilla construida en el s. XII para servir como una leprosería.

Hasta 1547, fecha de cierre del hospital, los prisioneros en vías de ser ejecutados en el Tyburn Tree se detenían en la puerta de la iglesia y bebían un gran cuenco de cerveza soporífera (su último refrigerio), conocido como St Giles's Bowl. A partir de 1650, los prisioneros recibían sepultura en los terrenos de la iglesia. En 1665, la gran plaga hizo mella en los aledaños.

En la época victoriana, este era el peor barrio de Londres, mencionado a menudo en las novelas de Dickens. Hoy, los consumidores de drogas en la calle reflejan lo poco que ha cambiado el barrio.

Una reliquia interesante en la iglesia (lado norte) es el púlpito blanco liso utilizado durante 40 años por John Wesley, el fundador del movimiento metodista.

almacenes de carga abandonados. Lo más llamativo es una fuente hecha de 1080 chorros de agua iluminados individualmente, que danzan en una secuencia rítmica. (www.kingscross.co.uk; Stable St, N1; 🚇King's Cross St Pancras)

London Canal Museum   MUSEO

7 ◎ PLANO P. 94, E2

Este pequeño museo relata la historia del Regent's Canal y la vida de las familias que vivieron y trabajaron en el impresionante sistema de canales de Gran Bretaña. En los establos de la planta superior se exhibe la historia del transporte por canales del país, junto a proyectos recientes como la limpieza del río Lea para los Juegos Olímpicos del 2012. El museo se ubica en un almacén de 1858, usado originalmente para guardar el hielo. (☎020-7713 0836; www. canalmuseum.org.uk; 12-13 New Wharf Rd, N1; adultos/niños 5/2,50 £; 🕙 10.00-16.30 ma-do y festivos; 🚇King's Cross St Pancras)

Wiener Library   MUSEO

8 ◎ PLANO P. 94, C6

En 1933, un judío alemán llamado Alfred Wiener fundó la Wiener Library para documentar el surgimiento del antisemitismo en su país de origen, del cual había huido frente a la persecución nazi. Es la institución más antigua del mundo dedicada al estudio del Holocausto. Convertida en biblioteca pública e instituto de investigación, contiene más de un millón de artículos relacionados con uno de los períodos más oscuros de la historia. (📞020-7636 7247; www.wienerlibrary.co.uk; 29 Russell Sq, WC1; gratis; 🕙 10.00-17.00 lu y mi-vi, hasta 19.30 ma; ⊖Russell Square)

Dónde comer

Ruby Violet
HELADERÍA £

9 🍴 PLANO P. 94, D1

Sabores excepcionalmente originales (*masala chai,* chocolate belga, frambuesa y boniato), aderezos y adobo picante, todo de fabricación propia. Los viernes y sábados por la noche ofrecen el Pudding Club, momento para disfrutar de una minitarta de Alaska o *fondant* de chocolate caliente y helado. (www.rubyviolet.co.uk; Midlands Goods Shed, 3 Wharf Rd, N1C; 1/2 bolas 3/5,50 £; 🕙 10.00-19.00 do-ju, hasta 22.00 vi y sa; ⊖King's Cross St Pancras)

Roti King
MALASIA £

10 🍴 PLANO P. 94, B3

En este restaurante la especialidad es el *roti canai,* un pan plano hojaldrado típico de Malasia, servido con aromáticos cuencos de curri o relleno de sabrosos ingredientes. (40 Doric Way, NW1; principales 5-7 £; 🕙 12.00-15.00 y 17.00-22.30 lu-vi, 12.00-22.30 sa; 🥗; ⊖Euston)

Diwana Bhel Poori House
INDIA £

11 🍴 PLANO P. 94, A4

Uno de los mejores restaurantes vegetarianos indios en Londres, especializado en *bhel poori* al estilo de Bombay (un plato agridulce, suave y crujiente) y *dosas* (tortitas crujientes hechas de harina de arroz). Los comensales que vienen solos pueden tomarse un *thali* (menú completo consistente en muchos platos pequeños). El bufé libre de almuerzo (7 £) es legendario y hay especialidades diarias (6,60 £). (📞020-7387 5556; www.diwanabph.com; 121-123 Drummond St, NW1; principales 5,10-8,95 £; 🕙 12.00-23.30 lu-sa, hasta 22.30 do; 🥗; ⊖Euston)

Sagar
VEGETARIANA £

12 🍴 PLANO P. 94, B7

Esta sucursal de una minicadena ofrece platos vegetarianos de Karnataka (sur de la India). La comida es barata, abundante y de calidad. Se recomienda la *masala dosa,* una fina tortita hecha de harina de lentejas y rellena de patata especiada. El *thali* cuesta 16-18 £. (📞020-7631 3319; www.sagarveg.co.uk; 17a Percy St, W1; principales 5,50-9,45 £; 🕙 12.00-15.00 y 17.30-22.45 lu-ju, 12.00-23.00 vi y sa, 12.00-22.00 do; 🥗; ⊖Tottenham Court Rd)

North Sea Fish Restaurant
PESCADO ££

13 🍴 PLANO P. 94, D4

Su especialidad es el pescado fresco con patatas. Destacan

sus enormes filetes de solla o de lenguado, fritos o a la plancha, servidos con una copiosa ración de patatas fritas. Al lado, hay comida para llevar (horarios similares) que permite evitar el servicio anodino de este austero local. (☎020-7387 5892; www.northseafishrestaurant. co.uk; 7-8 Leigh St, WC1; principales 10-25 £; ⏱12.00-14.30 y 17.00-22.00 lu-sa, 17.00-21.30 do; ⊖Russell Sq)

Hakkasan Hanway Place
CANTONESA £££

14 ⊗ PLANO P. 94, B8

Este restaurante con estrella Michelin escondido en un sótano de un callejón combina con éxito su fama, un diseño impresionante, cócteles convincentes y una sofisticada comida cantonesa. Hay que reservar con antelación o ir a almorzar (tres platos por 38 £, también disponible de 17.30-18.30). (☎020-7927 7000; www. hakkasan.com; 8 Hanway Pl, W1; principales 12-63,50 £; ⏱12.00-15.00 y 17.30-23.00 lu-mi, 12.00-15.00 y 17.30-24.30 ju-vi, 12.00-16.00 y 17.30-00.30 sa, 12.00-23.15 do; ☜; ⊖Tottenham Court Rd)

Lima
PERUANA £££

15 ⊗ PLANO P. 94, B8

Sabores peruanos vehementes y sazonados rezuman en el corazón de este local sublime, decorado con un gran mural de colores. Su excelente presentación le ha valido una estrella Michelin, y el atento personal ejerce con orgullo su labor. El almuerzo rápido con copa de vino solo cuesta 19 £. (☎020-3002 2640; www.limalondongroup.com/fitzrovia; 31 Rathbone Pl, W1; principales 22-32 £; ⏱12.00-14.30 lu-vi, 11.30-14.30 sa y do, 17.30-22.30 lu-sa, hasta 21.30 do; ☜; ⊖Tottenham Court Rd)

Dónde beber

Bar Pepito
BAR DE VINOS

16 ⏱ PLANO P. 94, D3

Esta diminuta e íntima bodega andaluza es especialista en jerez y tapas. Los profanos pueden preguntar al personal. También hay expertos en combinaciones gastronómicas (selecciones exquisitas de jamón y queso). Para ser un perfecto glotón, conviene probar una selección de tres jereces de degustación con aperitivos acordes. (www.camino.uk.com/location/bar-pepito; 3 Varnishers Yard, The Regent's Quarter, N1; ⏱17.00-24.00 lu-vi, 18.00-24.00 sa; ⊖King's Cross St Pancras)

Euston Tap
BAR

17 ⏱ PLANO P. 94, B4

Esta especialista está en una monumental estructura de piedra cerca de la estación Euston. Los devotos de la cerveza artesanal pueden elegir entre 16 cask ales, 20 cervezas keg y 150 tipos de botella. Uno puede sentarse en el pavimento, subir por la escalera de caracol o comprar una botella para llevar. (☎020-3137 8837; www. eustontap.com; 190 Euston Rd, NW1; ⏱12.00-23.00 lu-sa, hasta 22.00 do; ⊖Euston)

Drink, Shop & Do BAR

18 PLANO P. 94, D3

Este local pequeño y raro no responde a etiquetas. Como el nombre sugiere es bar, café, centro de actividades, tienda de regalos y hasta discoteca. Pero la idea es que siempre habrá algo de beber (ya sea té o ginebra), música y actividades (desde baile a construir robots de Lego). (📞020-7278 4335; www.drinkshopdo.co.uk; 9 Caledonian Rd, N1; ⏰ 7.30-24.00 lu-ju, 7.30-2.00 vi, 10.30-2.00 sa, hasta 18.00 do; 📶; 🔄King's Cross St Pancras)

Craft Beer Company CERVEZA ARTESANAL

19 PLANO P. 94, D8

Esta sucursal de una cadena de seis potentes locales es quizás el mejor bar de Londres para disfrutar de una cerveza artesanal. Cuenta con 15 barriles de *cask ale* de origen británico, así como 30 variedades de *keg* y más de 200 botellas y latas de todo el mundo. Las pintas suelen costar menos de 5 £. (📞020-7240 0431; www. thecraftbeerco.com/covent-garden; 168 High Holborn, WC1; ⏰ 12.00-24.00 do-mi, hasta 1.00 ju-sa; 🔄Tottenham Court Rd)

Queen's Larder PUB

20 PLANO P. 94, D6

En una plaza al sureste de Russell Sq, debe su nombre (la despensa de la reina) a que la reina Carlota –esposa del rey Jorge III el Loco– alquiló parte de la bodega para almacenar alimentos especiales para el rey, a quien estaban

The Queen's Larder.

El desconcierto de los códigos postales

Basta con echar un vistazo a los 20 distritos de París que giran en espiral en el sentido de las agujas del reloj desde el centro para entender la lógica de su sistema. Si se envía una carta a alguien del distrito 5, el código postal será 75005. Sin embargo, los códigos postales de Londres son harina de otro costal. ¿Cómo puede SE23 lindar con SE6? Y si hay un norte (N), un oeste (W) y un este (E), ¿por qué no hay un sur (S) y tampoco un noroeste (NE)?

Cuando se introdujeron en 1858, los códigos postales eran bastante claros y contenían todos los puntos cardinales, además de un centro este y oeste (EC y WC). Los problemas empezaron cuando el NE se fusionó con el E, y el S con el SE y SW. Pero aún más desconcertante fue la introducción de un sistema de numeración poco ortodoxo durante la I Guerra Mundial (los empleados habituales estaban ocupados librando "la gran guerra"). Así, el n°1 se aplicó al centro de cada zona, y el resto de números dependía de la posición alfabética de la primera letra del nombre de los distritos. Si empezaba por una de las primeras letras, como Chingford en el este de Londres, recibía un número bajo (E4) pese a estar a kilómetros del centro en Whitechapel (E1); por el contrario, a Poplar, contigua a Whitechapel, se le asignó uno alto (E14). Todavía hoy resulta increíble.

sometiendo a un tratamiento para lo que hoy se cree que era la enfermedad genética porfiria. Hay bancos en la calle y un comedor en la planta superior. (020-7837 5627; www.queenslarder.co.uk; 1 Queen Sq, WC1; ⊙ 11.30-23.00 lu-vi, 12.00-23.00 sa, 12.00-22.30 do; ⊖Russell Sq)

Museum Tavern PUB

21 ⊕ PLANO P. 94, D7

Karl Marx solía pasarse por aquí y beberse de un trago una merecida pinta tras un duro día de gestación del comunismo en la Reading Room del British Museum. George Orwell, sir Arthur Conan Doyle y J. B. Priestley fueron también asi-

duos. Es un bonito bar tradicional con una larga barra, personal atento y rasgos de la época que atrae a académicos y estudiantes por igual. (020-7242 8987; www.green eking-pubs.co.uk/pubs/greater-london/museum-tavern; 49 Great Russell St, WC1; ⊙ 11.00-23.30 lu-ju, hasta 24.00 vi y sa, 12.00-22.30 do; 🛜; ⊖Holborn, Tottenham Court Rd)

London Cocktail Club COCTELERÍA

22 ⊕ PLANO P. 94, A7

Hay cócteles y cócteles. Los camareros de este bar subterráneo algo cutre (punk *kitsch*) agitan, mezclan, baten y ahúman algunos de los brebajes más creativos, coloridos y contundentes. Hay que probar el martini con huevo y panceta, o el Manhattan ahumado, y relajarse durante un largo rato. (☏020-7580 1960; www.londoncocktailclub.co.uk; 61 Goodge St, W1; ☉ 16.30-23.30 lu-ju, hasta 24.00 vi y sa; ⊖Goodge St)

Princess Louise PUB

23 ⊕ PLANO P. 94, E8

El bar de la planta baja, de 1872, está decorado de forma espectacular con una explosión de azulejos magníficos, espejos grabados, escayola y una impresionante barra central en forma de herradura. Las antiguas particiones victorianas de madera ofrecen a los bebedores numerosos rincones y huecos donde esconderse, y las mamparas de cristal esmerilado añaden un atractivo de época adicional. (☏020-7405 8816; http://princesslouisepub.co.uk; 208 High Holborn, WC1; ☉ 11.00-23.00 lu-vi, 12.00-23.00 sa, 12.00-18.45 do; ⊖Holborn)

Lamb PUB

24 ⊕ PLANO P. 94, E5

Su barra central de caoba con bonitas mamparas victorianas lleva desde 1729 siendo la favorita de la gente del barrio. Casi tres siglos después su popularidad no ha menguado, así que conviene ir pronto para conseguir un reservado y degustar su buena selección de Young's Bitter. (☏020-7405 0713; www.thelamblondon.com; 94 Lamb's Conduit St, WC1; ☉ 11.00-23.00 lu-mi, hasta 24.00 ju-sa, 12.00-22.30 do; ⊖Russell Sq)

Ocio

Scala MÚSICA EN DIRECTO

25 ⭐ PLANO P. 94, E3

Abierto en 1920 como un salubre cine de la época dorada, Scala se pasó al porno en la década de 1970 para renacer luego como discoteca y sala de conciertos en la década del 2000. Es una de las mejores salas de Londres para asistir a un concierto íntimo y un lugar estupendo para bailar. (☏020-7833 2022; www.scala.co.uk; 275 Pentonville Rd, N1; ⊖King's Cross St Pancras)

100 Club MÚSICA EN DIRECTO

26 ⭐ PLANO P. 94, B8

Esta legendaria sala de Londres, en la misma ubicación desde hace más de 75 años, comenzó como un club de *jazz,* pero ahora se inclina hacia el *rock.* Tocaron aquí Chris Barber, B. B. King y los Rolling Stones, y fue centro de la revolución punk y del movimiento *indie* de los años noventa. Organiza espectáculos de baile *swing,* actuaciones ocasionales de artistas famosos y homenajes de primera. (☏020-7636 0933; www.the100club.co.uk; 100 Oxford St, W1; entradas 8-20 £; ☉ véase la web para horarios de espectáculos; ⊖Oxford Circus, Tottenham Court Rd)

The Place DANZA

27 ⭐ PLANO P. 94, C4

Cuna de la danza contemporánea británica y uno de los espacios culturales más fascinantes de Londres, The Place sigue programando coreografías transgresoras y experimentales. Tras la fachada de terracota victoriana hay un teatro de 300 butacas, un ambiente de café creativo y bohemio y una decena de estudios de formación. Las entradas suelen costar de 15 £ en adelante. (📞 020-7121 1100; www.theplace.org.uk; 17 Duke's Rd, WC1; 🚇 Euston Sq)

De compras

James Smith & Sons
MODA Y ACCESORIOS

28 🅰 PLANO P. 94, C8

Nadie hace ni ofrece paraguas y bastones tan elegantes como ellos. Llevan combatiendo la meteorología británica desde 1857 y,

gracias a los incesantes chaparrones londinenses, seguirán haciendo negocio en los años venideros. Precios a partir de 40 £ por un paraguas de bolsillo. (📞 020-7836 4731; www.james-smith.co.uk; 53 New Oxford St, WC1; 🕐 10.00-17.45 lu, ma, ju y vi, 10.30-17.45 mi, 10.00-17.15 sa; 🚇 Tottenham Court Rd)

London Review Bookshop
LIBROS

29 🅰 PLANO P. 94, D7

La librería insignia de la revista literaria quincenal *London Review of Books* no apila libros y tomos en los estantes, sino que ofrece una amplia gama de títulos de los que solo dispone un puñado de copias. Ofrecen charlas de autores de prestigio (10 £ generalmente) y tienen un encantador café donde

James Smith & Sons.

hojear las nuevas adquisiciones. (☎020-7269 9030; www.londonre viewbookshop.co.uk; 14 Bury Pl, WC1; ⌚10.00-18.30 lu-sa, 12.00-18.00 do; ⊖Holborn)

Fortnum & Mason COMIDA Y BEBIDAS

30 🅰 PLANO P. 94, C3

Esta pequeña sucursal de los célebres grandes almacenes, la primera en más de 300 años, ofrece una extensa variedad de cafés y tés exclusivos que son ideales para regalos. También hay un café. (www.fortnumandmason.com; Unit 1a, estación internacional de trenes St Pancras, Pancras Rd, N1; ⌚7.00-20.00 lu-sa, 8.00-20.00 do; ⊖King's Cross St Pancras)

Forbidden Planet CÓMICS

31 🅰 PLANO P. 94, C8

Esta joya de cómics y libros de ciencia ficción, terror y fantasía, así como de juguetes y figuras de acción, se distribuye en dos plantas. Es un sueño absoluto para los aficionados al mundo del manga, obras literarias fuera de lo común y objetos de ciencia ficción y fantasía. (☎020-7420 3666; www. forbiddenplanet.com; 179 Shaftesbury

Ave, WC2; ⌚10.00-19.00 lu y ma, hasta 19.30 mi, vi y sa, hasta 20.00 ju, 12.00-18.00 do; ⊖Tottenham Court Rd)

Gay's the Word LIBROS

32 🅰 PLANO P. 94, D5

Esta institución gay londinense lleva desde 1979 vendiendo libros que nadie tiene y ofrece una espléndida variedad de libros y revistas de interés para la comunidad homosexual. También hay libros de segunda mano. (☎020-7278 7654; www.gaystheword.co.uk; 66 Marchmont St, WC1; ⌚10.00-18.30 lu-sa, 14.00-18.00 do; ⊖Russell Sq)

Folk MODA Y ACCESORIOS

33 🅰 PLANO P. 94, E6

Prendas informales y sencillas muy bien diseñadas, de colores llamativos y con un aire artesanal. En el nº 49 está la línea masculina de Folk y en el nº 53 la de mujer. (☎hombres 020-7404 6458, mujeres 020-8616 4191; www.folkclothing.com; 49 Lamb's Conduit St, WC1; ⌚11.00-19.00 lu-vi, 10.00-18.00 sa, 12.00-17.00 do; ⊖Holborn)

Explorar ✧

Catedral de St Paul y la City

Por su tamaño, la City supera las expectativas y ofrece numerosos puntos de interés. De obligada visita son la Torre de Londres y St Paul, pero pueden combinarse los destinos de rigor con los rincones más tranquilos y menos conocidos. Las numerosas iglesias ofrecen paradas para descansar.

Conviene empezar temprano para adelantarse a la multitud que asedia la Torre de Londres (p. 112), explorar el Tower Bridge (p. 119) y almorzar en Wine Library (p. 122). Hay que ir a la catedral de St Paul (p. 108) y visitarla en un circuito antes de admirar las vistas desde su cúpula. Si queda tiempo, se explora el Museum of London (p. 118). Para relajarse, nada mejor que unos cócteles con vistas en Sky Pod (p. 123). De vuelta a la tierra, cena en St John (p. 121) y, para una noche redonda, una visita a uno de los pubs históricos de la City, como Ye Olde Mitre (p. 123).

Cómo llegar y desplazarse

🚇 Las estaciones más prácticas son St Paul's (línea Central) y Bank (líneas Central, Northern y Waterloo & City, y DLR). También lo son Blackfriars (líneas Circle y District), Farringdon (líneas Circle, Metropolitan y Hammersmith & City) y Tower Hill (líneas Circle y District).
🚌 Son útiles las rutas 8, 15, 11 y 26.

Véase el plano en p. 116.

Tower Bridge. R.CLASSEN/SHUTTERSTOCK ©

Principales puntos de interés 📷
Catedral de St Paul

Sobre la minúscula Ludgate Hill, en una ubicación que ha sido lugar de culto cristiano más de 1400 años (y antes pagano), St Paul se alza como uno de los edificios más majestuosos de la City. Construido entre 1675 y 1710 después del Gran Incendio, la reluciente cúpula blanca, obra maestra de sir Christopher Wren, se convirtió en el símbolo de resistencia londinense durante la Segunda Guerra Mundial.

◉ PLANO P. 116, D4
☎ 020-7246 8357
www.stpauls.co.uk
St Paul's Churchyard, EC4
adultos/niños 18/8 £
🕑 8.30-16.30 lu-sa
⊖ St Paul'

Cúpula

Wren quería construir una cúpula que fuera imponente por fuera, pero no excesivamente grande por dentro. La solución fue construirla en tres partes: una cúpula interior de ladrillo enlucido, una exterior no estructural de plomo y un cono de ladrillo que lo mantenía todo unido por superposición. Esta estructura única, la segunda en tamaño después de San Pedro, en el Vaticano, es la mayor proeza de la catedral de Wren. Se accede hasta lo más alto por unos 528 escalones divididos en tres tramos.

Whispering Gallery

Si se entra por la puerta del lado oeste del crucero sur, hay 257 peldaños que conducen al pasillo interior que rodea la base de la cúpula, a 30 m de altura. Es la "Galería de los Susurros" porque al hablar cerca de la pared las palabras se oyen en el lado opuesto, a 32 m.

Stone Gallery y Golden Gallery

Tras subir otros 119 escalones se llega a la Stone Gallery, un mirador exterior a 53 m sobre el suelo, con las vistas obstaculizadas por columnas y otras medidas de seguridad. Los 152 escalones de hierro hasta la Golden Gallery son más empinados y estrechos que los inferiores, pero merece la pena. Desde allí, a 85 m de altura, hay vistas de 360º de Londres.

Interior

En un momento de fervor anticatólico, fue controvertido construir una basílica de estilo romano en lugar de la más habitual de estilo gótico. El interior, no obstante, reflejaba las costumbres anglicanas, con ventanales límpidos y sin ornamentos. Las estatuas y los mosaicos se introdujeron mucho después.

★ Consejos

o Las misas son gratuitas. Para escuchar al coro de la catedral, hay que asistir a la misa vespertina (17.00 lu-sa y 15.15 do) o a la del domingo (11.30).

o La entrada incluye un aparato audiovisual.

o Hay cuatro circuitos gratuitos al día de 90 min (10.00, 11.00, 13.00 y 14.00); se reservan en el mostrador.

o Dos veces al mes, los circuitos de 60 min (8 £) acceden a zonas de la iglesia normalmente cerradas; resérvese con antelación.

o No está permitido hacer fotos ni vídeos.

✕ Una pausa

En la cripta está el **Wren's Pantry** (https://searcys. co.uk/venues/ st-pauls-cathedral; principales desde 8 £; ⏱ 9.00-17.00), que sirve almuerzos.

Quienes prefieran comer fuera de la iglesia, el Miyama (p. 120) sirve excelente comida japonesa.

Monumento conmemorativo al duque de Wellington

En el pasillo norte de la enorme nave está el grandioso sepulcro del duque de Wellington (1912), que tardó en completarse 54 años. Originalmente el caballo del Duque de Hierro, *Copenhagen*, estaba al revés pero se consideró inapropiado que el trasero de un caballo apuntara directamente al altar. Justo debajo de la cúpula hay un elegante epitafio escrito para Wren por su hijo: *Lector, si monumentum requiris, circumspice* (Lector, si buscas un monumento, mira a tu alrededor).

'La luz del mundo' y el coro

En la capilla del crucero norte está la icónica pintura del artista Holman Hunt *La luz del mundo* (1851-1853), que representa a Cristo llamando a una puerta enorme que, simbólicamente, solo se abre desde dentro. Más allá, en el centro de la catedral, están el coro o presbiterio, con los techos y arcos cubiertos de mosaicos y el altar mayor. La ornamentada sillería tallada del escultor holandés-británico Grinling Gibbons a ambos lados del coro es una obra exquisita, así como las puertas de hierro forjado del hugonote francés Jean Tijou, que separan las naves del altar.

Catedral de St Paul

American Memorial Chapel

Rodeando el altar, con su enorme baldaquín de roble dorado y columnas trenzadas, se llega a la American Memorial Chapel, un monumento a los 28000 estadounidenses afincados en Gran Bretaña que perdieron la vida en la II Guerra Mundial.

Cripta y el Oculus

En el lado este de los cruceros norte y sur hay unas escaleras que bajan a la cripta y a la capilla de la Orden del Imperio Británico (OBE Chapel), donde se celebran servicios para miembros de la orden.

Hay monumentos a cerca de 300 ilustres británicos, incluidos Florence Nightingale, T. E. Lawrence (de Arabia) y sir Winston Churchill. Entre los aquí enterrados están el duque de Wellington, el vicealmirante Nelson, sir Christopher Wren y los pintores sir Joshua Reynolds, sir John Everett Millais, J. M. W. Turner y William Holman Hunt.

En la cripta hay un **café** y una **tienda de regalos** de la catedral.

Cinco veces restaurada

La iglesia madre de Londres lleva en este enclave desde el año 604. La catedral de Wren, la quinta construida, buscaba reemplazar el estilo gótico de la antigua St Paul tras su destrucción en el Gran Incendio. La versión previa al incendio era más larga y alta que la de Wren.

Patio y alrededores

En el exterior del crucero norte hay un sencillo **monumento al pueblo de Londres**, que homenajea a los 32000 civiles muertos (y a los 50000 heridos graves) en la ciudad durante la II Guerra Mundial. Muy cerca se encuentra la eduardiana **St Paul's Cross**, coronada por una estatua dorada del santo, que reemplaza la cruz de predicación original retirada en 1643.

Principales puntos de interés
Torre de Londres

Con una historia tan sangrienta como fascinante, la Torre de Londres merece ser la primera en la lista de puntos de interés. Se inauguró durante el reinado de Guillermo el Conquistador (1066-1087) y es en realidad un castillo con 22 torres que ha servido a lo largo de su historia de palacio, observatorio, armería, almacén, casa de la moneda, zoo, prisión y patíbulo.

⊙ PLANO P. 116, H5

www.hrp.org.uk/tower-of-london

Petty Wales, EC3

adultos/niños 24,80/11,50 £, audioguía 4/3 £

⊗ 9.00-16.30 ma-sa, desde 10.00 do-lu

⊖ Tower Hill

Patíbulo de Tower Green

Lo que a simple vista parece un área apacible en el ala interior de la torre es en realidad una de las más sangrientas. Entre los que aquí fueron ejecutados están dos de las esposas de Enrique VIII, Ana Bolena y Catherine Howard; lady Jane Gray (a los 16 años) por enemistarse con la hija de Enrique VIII (Mary I) después de que su familia intentara coronarla como reina; y Robert Devereux, conde de Essex y favorito de Isabel I durante un tiempo. Al oeste del patíbulo está la **Beauchamp Tower** (1280), con las tristes inscripciones de los prisioneros de alto rango.

Capilla Real de St Peter ad Vincula

En el extremo norte de la Tower Green está la Capilla Real de St Peter ad Vincula (s. XVI), un raro ejemplo de la arquitectura Tudor religiosa. Están enterrados tres santos (Thomas More, John Fisher y Philip Howard, aunque el cuerpo de este último fue trasladado posteriormente a Arundel) y tres reinas (Ana Bolena, Catherine Howard y Jane Gray), entre otros. Solo se entra en visitas guiadas por los Yeoman Warders, o a primera y última hora del horario normal de apertura.

Joyas de la Corona

Se encuentran en los **Waterloo Barracks,** al este de la Capilla Real y al norte de la White Tower. En el interior, uno queda deslumbrado con cetros, orbes y coronas lujosamente enjoyadas. Una cinta transporta al visitante por la docena de coronas y ropajes para coronaciones, incluida la corona de platino de la difunta Reina Madre, Isabel, famosa por su diamante de 106 quilates Koh-i-Nûr ("montaña de luz" en persa) y el Cetro de la Cruz, engastado con el diamante Cullinan I (o Primera Estrella de África) de 530 quilates. Un poco más adelante, por separado, se exhibe la pieza central: la corona imperial, con 2868 diamantes (incluye el

★ Consejos

o Los vendedores de entradas incitan a adquirir los Gift Aid (3,20 £ adicionales por entrada); es opcional.

o Reservar entradas en línea (válidas durante 7 días) permite ahorrar 3,80 £ y evitar las colas.

o Empezar con una visita guiada de los Yeoman Warder es una excelente forma de familiarizarse con el espacio.

o No dejar la visita para última hora, pues hay mucho que ver.

✕ Una pausa

El **New Armouries Cafe**, de ladrillo rojo, está en el patio interior y sirve *fish and chips,* sándwiches y tartas.

El mejor *pub* cercano es el **Ship** (📞 020-7702 4422; www.shipec3.co.uk; 3 Hart St, EC3; 🕑 11.30-23.00 lu-vi; 🚇 Tower Hill).

Cullinan II, o Segunda Estrella de África, de 317 quilates), zafiros, esmeraldas, rubíes y perlas. La reina luce esta corona en la ceremonia de apertura del Parlamento del Reino Unido que tiene lugar en mayo/junio.

White Tower y la Armería real

Erigida en piedra a modo de fortaleza en 1078, fue la "Torre" de Londres original; su nombre surgió después de que Enrique III la encalara en el s. XIII. Para los parámetros actuales no es alta, pero en la Edad Media destacaba sobre las cabañas circundantes de los campesinos, llegando a intimidar. En el interior, además de la **St John's Chapel**, hay una extensa colección de la armería real que incluye cañones, pistolas y trajes de malla y armaduras para hombres y caballos. En el piso de entrada, destacan especialmente las dos armaduras de Enrique VIII, una hecha cuando era un apuesto joven de 24 años y la otra a la edad de 50 años, cuando su cintura medía 129 cm.

St John's Chapel

Esta sobria capilla (1080) de techo abovedado, con arcadas y 12 pilares de piedra, es un ejemplo de la arquitectura normanda y el lugar más antiguo de culto cristiano que aún se conserva en Londres.

Bloody Tower

La "torre sangrienta" (1225) debe su nombre a los "príncipes de la torre", Eduardo V y su hermano menor, encerrados aquí antes de que los mataran. Su tío Ricardo III suele cargar con la culpa pero una exposición permite al visitante votar por el principal sospechoso. También hay exposiciones sobre sir Walter Raleigh, encarcelado aquí tres veces por Isabel I.

Palacio medieval

El interior de la **St Thomas' Tower** permite descubrir el posible aspecto del salón y los aposentos de Eduardo I. Frente a la torre está la **Wakefield Tower**, construida por Enrique III entre 1220 y 1240 y decorada ahora con una réplica del trono y con candelabros para recrear el aspecto de la época de Eduardo I.

Bowyer Tower

Detrás de los Waterloo Barracks está la Bowyer Tower, donde estuvo preso Jorge, duque de Clarence, hermano y rival de Eduardo IV. Según una antigua leyenda nunca demostrada, lo ahogaron en un barril de malvasía, un vino dulce de Madeira. Incluye exposiciones relacionadas con el duque de Wellington.

Paseo por la muralla este

La inmensa muralla interior de la Torre se añadió en 1220 por orden de Enrique III. Recorre la **Salt Tower**, la **Broad Arrow Tower** y la **Constable Tower**, termina en la **Martin Tower** y alberga una exposición de ropajes para coronaciones. En 1671 el coronel Thomas Blood, disfrazado de clérigo, intentó robar las joyas de la Corona desde aquí.

Iconos de la Torre

Yeoman Warders

Un verdadero icono de la Torre, los Yeoman Warders llevan custo-diando la fortaleza desde el s. xv. Puede haber hasta 40 y para optar al trabajo deben haber servido un mínimo de 22 años en cualquier cuerpo de las Fuerzas Armadas británicas. En el 2007, la primera mujer fue nombrada para el puesto. Pueden parecer joviales, pero no hay que llamarlos Beefeaters (comedores de ternera), pues no les gusta el apodo. El nombre ronda desde el s. xvii, pero se desco-noce su origen, aunque podría deberse a las grandes cantidades de ternera que se les daba. Para atenuar la ofensa, cada guardián reci-be una botella de ginebra Beefeater en su cumpleaños como parte de un viejo pacto con sus productores para el uso de su imagen en la botella.

Cuervos

Según la leyenda, Carlos II solicitó que se mantuviera a los cuervos siempre en la Torre, ya que el reino se desmembraría si se marcha-ban. Suele haber al menos seis cuervos en la Torre y se les recorta las alas para tranquilizar a los supersticiosos.

Ceremonia de las llaves

El elaborado cierre de las puertas principales se realiza sin falta desde hace más de 700 años. La ceremonia comienza exactamente a las 21.53 y termina a las 22.05. Incluso cuando una bomba alcanzó la Torre durante el Blitz, la ceremonia solo se retrasó 30 min. La entrada comienza a las 21.30 y es gratis, pero hay que reservarla en línea por anticipado (www.hrp.org.uk).

Circuitos

Aunque los Yeoman Warders son los guardianes oficiales de la Torre, su principal tarea es hacer de guías. Estos **circuitos** gratuitos de 1 h salen de la Middle Tower cada 30 min hasta las 15.30 (14.30 en invierno).

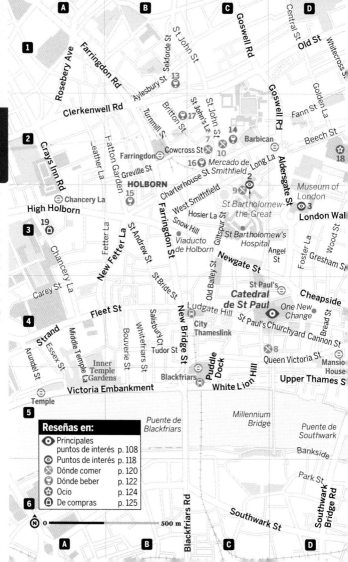

Reseñas en:

- ◉ Principales puntos de interés p. 108
- ◉ Puntos de interés p. 118
- ⊗ Dónde comer p. 120
- ⊕ Dónde beber p. 122
- ☆ Ocio p. 124
- 🔒 De compras p. 125

N 0 ————————— 500 m

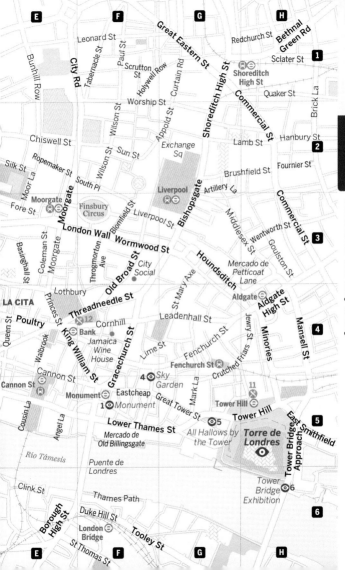

LA CITA

Leonard St

Great Eastern St

Redchurch St

Bethnal Green Rd

Sclater St

Shoreditch High St

Quaker St

Brick La

City Rd

Tabernacle St

Paul St

Scrutton St

Holywell Row

Curtain Rd

Shoreditch High St

Commercial St

Bunhill Row

Worship St

Wilson St

Sun St

Appold St

Exchange Sq

Lamb St

Hanbury St

Chiswell St

Ropemaker St

South Pl

Wilson St

Brushfield St

Fournier St

Silk St

Moor La

Moorgate

Moorgate

Finsbury Circus

Liverpool

Artillery La

Commercial St

Fore St

Moorgate

London Wall

Wormwood St

Blomfield St

Liverpool St

Bishopsgate

Middlesex St

Wentworth St

Goulston St

Coleman St

Basinghall St

Throgmorton Ave

Old Broad St

City Social

Houndsditch

Mercado de Petticoat Lane

Lothbury

Princes St

Threadneedle St

Cornhill

St Mary Axe

Aldgate

Aldgate High St

Mansell St

Queen St

Poultry

Bank

12

Jamaica Wine House

Leadenhall St

Jewry St

Minories

Walbrook

King William St

Gracechurch St

Lime St

Fenchurch St

Fenchurch St

Crutched Friars

Cannon St

Cannon St

4 Sky Garden

Mark La

11

Monument

Eastcheap

Great Tower St

Tower Hill

Cousin La

Angel La

1 Monument

Lower Thames St

Mercado de Old Billinggate

5

All Hallows by the Tower

Tower Hill

Torre de Londres

East Smithfield

Río Támesis

Puente de Londres

Tower Bridge Approach

Clink St

Thames Path

Tower Bridge Exhibition

6

Borough High St

Duke Hill St

London Bridge

Tooley St

St Thomas St

Puntos de interés

Monument

TORRE

1 ⊙ PLANO P. 116, F5

La columna de 1677 de sir Christopher Wren recuerda el Gran Incendio de Londres de 1666, cuyo impacto en la historia de la ciudad fue determinante. Esta columna dórica de piedra de Portland tiene 4,5 m de ancho y 60,6 m de altura, la distancia exacta que la separa de la panadería de Pudding Lane donde se cree que comenzó el incendio. Las entradas solo se pueden comprar en efectivo. (☑020-7403 3761; www.themonument.org.uk; Fish St Hill, EC3; adultos/niños 5/2,50 £, incl. exposición Tower Bridge 12/5,50 £; ⊙9.30-17.30 abr-sep, hasta 17.00 oct-mar; ⊖Monument)

St Bartholomew-the-Great

IGLESIA

2 ⊙ PLANO P. 116, C2

Esta iglesia, una de las más antiguas de Londres, data del 1123 y se halla junto a un hospital también antiguo. Los arcos normandos y el profundo sentido histórico prestan a este espacio sagrado una calma ancestral; uno parece retroceder en el tiempo al acceder desde el cercano mercado de Smithfield a través del renovado arco con entramado de madera restaurado (s. XIII). La iglesia perteneció originalmente a un priorato agustiniano, pero se convirtió en la iglesia parroquial de Smithfield en 1539 cuando Enrique VIII disolvió los monasterios. (☑020-7600

0440; www.greatstbarts.com; West Smithfield, EC1; adultos/niños 5/3 £; ⊙8.30-17.00 lu-vi, 10.30-16.00 sa, 8.30-20.00 do; ⊖Barbican)

Museum of London

MUSEO

3 ⊙ PLANO P. 116, D3

Tan entretenido como educativo, serpentea a través de las diversas etapas de la ciudad, desde la Londinium romana y la Ludenwic anglosajona hasta la metrópoli del s. XXI. Muestras interactivas y objetos interesantes actúan juntos para dar vida a cada época, haciendo de este uno de los mejores museos de la capital. Hay varios circuitos temáticos gratuitos al día; consúltense los horarios en los letreros de la entrada. (☑020-7001 9844; www.museumoflondon.org.uk; 150 London Wall, EC2; gratis; ⊙10.00-18.00; ⊖Barbican)

Sky Garden

MIRADOR

4 ⊙ PLANO P. 116, F5

El sexto edificio más alto de la City no tuvo un buen comienzo cuando se inauguró en el 2014. Oficialmente llamado 20 Fenchurch St, y apodado Walkie Talkie por los londinenses desalentados, sus ventanas altamente reflectantes fundieron la carrocería de varios vehículos estacionados en la calzada. Sin embargo, la apertura de este jardín público de tres plantas y 155 m de altura en la cúpula de vidrio se ha ganado la atención de los detractores. La entrada es gratuita, pero es necesario reservar plaza por anticipado. (☑020-7337

2344; https://skygarden.london; L35-37, 20 Fenchurch St, EC3; gratis; ◷10.00-18.00 lu-vi, 11.00-21.00 sa y do; ⊖Monument)

All Hallows by the Tower IGLESIA

5 ◉ PLANO P. 116, G5

All Hallows (que significa "Todos los Santos") lleva aquí desde el año 675 d.C. y sobrevivió prácticamente intacta al Gran Incendio, aunque la alcanzaron las bombas alemanas en 1940. La iglesia en sí merece la pena, pero lo mejor es la bodega (cripta), que alberga un pavimento de baldosas romanas del s. II y las paredes de la iglesia sajona del s. VII. Hay circuitos gratuitos de 20 min entre las 14.00-16.00 casi todos los días de abril a octubre. (📞020-7481 2928; www.ahbtt.org.uk; Byward St, EC3;

◷8.00-18.00 lu-vi, 10.00-17.00 sa y do abr-oct, 8.00-17.00 lu-vi, 10.00-17.00 sa y do nov-mar; ⊖Tower Hill)

Tower Bridge Exhibition EXPOSICIÓN

6 ◉ PLANO P. 116, H6

Esta espléndida exposición describe los aspectos prácticos del Tower Bridge. Aunque no se tenga una mente técnica, es fascinante entrar en el puente y contemplar el Támesis desde las dos pasarelas (42 m sobre el río). Flanqueadas por paneles informativos, se llega en ascensor y se recorren a pie. Un sorprendente suelo de cristal de 11 m de largo ofrece espectaculares vistas del río y la calzada inferior. (📞020-7403 3761; www. towerbridge.org.uk; Tower Bridge, SE1;

Sky Garden.

adultos/niños 9,80/4,20 £, incl. The Monument 12/5,50 £; ⏰10.00-17.30 abr-sep, 9.30-17.00 oct-mar; 🚇Tower Hill)

Dónde comer

Polpo
ITALIANA £

7 🍴 PLANO P. 116, C2

En un tramo soleado de la semi-peatonal Cowcross St, este encantador local sirve rústicas albóndigas al estilo veneciano, *pizzette*, carne a la parrilla y pescado. Las raciones son mayores que unas tapas pero algo menores que un plato principal: la excusa perfecta para degustar más de uno de sus deliciosos platos. Excelente relación calidad-precio. (☎020-7250 0034; www.polpo.co.uk; 3 Cowcross St, EC1M; platos 4-12 £; ⏰11.30-23.00 lu-ju y sa, hasta 24.00 vi, hasta 16.00 do; 🚇Farringdon)

Miyama
JAPONESA ££

8 🍴 PLANO P. 116, C4

Este agradable local japonés, sito en el sótano de un edificio anodino (entrada por Knightrider St), parece guardar el mejor de los secretos. Hay sabores para todos los gustos, desde fideos *soba* y *udon* hasta *sushi*, y cajas con comida para llevar. Se puede optar por una experiencia culinaria de *sushi* o *teppanyaki* en el bar, o una mesa en el más discreto restaurante. (☎020-7489 1937; www.miyama-res taurant.co.uk; 17 Godliman St, EC4; principales 8-26 £; ⏰11.30-14.30 y 5.45-21.30 lu-vi; 🚇St Paul's)

Polpo.

COURTESY OF POLPO ©

Gran Incendio de Londres

Como casi todos sus edificios eran de madera, Londres fue durante siglos proclive a los incendios, pero no fue hasta el 2 de septiembre de 1666 cuando se desató el mayor de ellos, en una panadería de Pudding Lane, en la City.

No parecía gran cosa al principio (el propio alcalde lo consideró fácil de apagar, antes de volverse a la cama), pero el calor poco habitual de aquel septiembre combinado con fuertes vientos hizo que la ciudad ardiera como la yesca. El fuego se extendió sin control durante días, reduciendo a carbón el 80% de Londres. Solo murieron ocho personas (oficialmente), pero se destruyó casi toda la arquitectura medieval, Tudor y jacobina. Finalmente el incendio se detuvo en Fetter Lane, en las afueras de Londres. Es difícil exagerar la magnitud de lo destruido: 89 iglesias y más de 13 000 casas quedaron arrasadas y decenas de miles de personas se quedaron sin hogar. Muchos londinenses se marcharon al campo o a buscar fortuna en el Nuevo Mundo.

Club Gascon
FRANCESA ££

9 🍴 PLANO P. 116, C3

Paredes de mármol, mantelería blanca y un personal extremadamente profesional dan un toque de club de caballeros anticuado a este restaurante galardonado con estrellas Michelin. Sirven platos del suroeste de Francia con un toque moderno y precios altos, pero también hay un excelente "almuerzo exprés"de dos platos a 25 £. Si no lo ofrecen, hay que solicitarlo. (☎020-7600 6144; www. clubgascon.com; 57 West Smithfield, EC1; principales 16-28 £; ⏱12.00-14.00 y 18.00-22.00 ma-vi, 18.00-22.00 sa; 🚇Barbican)

St John
BRITÁNICA ££

10 🍴 PLANO P. 116, C2

Paredes de ladrillo encalado, techos altos y muebles de madera no lo convierten en acogedor, pero dejan que los comensales se concentren en los famosos platos de asadura de St John. Las raciones son grandes y una celebración del pasado culinario de Inglaterra. Es imprescindible probar la médula asada y la ensalada de perejil (8,90 £). (☎020-7251 0848; https://stjohnrestaurant.com; 26 St John St, EC1M; principales 14,80-24,90 £; ⏱12.00-15.00 y 18.00-23.00 lu-vi, 18.00-23.00 sa, 12.30-16.00 do; 🚇Farringdon)

Vistas gratis

Diseñado por Jean Nouvel, **One New Change** (plano p. 116, D4; www.onenewchange.com; 1 New Change, EC4M; 🕙10.00-18.00 lu-mi y sa, 10.00-20.00 ju y vi, 12.00-18.00 do; 🚇St Paul's), al que algunos llaman Stealth Bomber por su aspecto, es un centro comercial con las típicas marcas comerciales, pero en la 6ª planta hay un mirador abierto que recompensa con unas vistas en primer plano de la cúpula de la catedral de St Paul y de Londres.

Wine Library
BUFÉ ££

11 ❌ PLANO P. 116, H5

Lugar para comer ligero y beber frente a la Torre. Se pueden comprar botellas de vino a precio de coste de la gran selección (9,50 £ por descorche) y sentarse en el restaurante abovedado para picar deliciosos patés, fiambres, quesos, pan y ensaladas. (📞020-7481 0415; www.winelibrary.co.uk; 43 Trinity Sq, EC3; bufé 18 £; 🕙bufé 11.30-15.30, tienda 10.00-18.00 lu, hasta 20.00 ma-vi; 🚇Tower Hill)

Sauterelle
EUROPEA £££

12 ❌ PLANO P. 116, F4

El elegante **Royal Exchange** (📞020-7283 8935; www.danddlondon.com) ofrece una mezcla de platos sofisticados británicos, franceses e italianos en medio de un servicio profesional y exquisito. Los precios son apropiados para un espacio tan suntuoso, pero hay también un menú fijo con una excelente relación calidad-precio (2/3 platos, 20/25 £) que conviene solicitar si no lo muestran. (📞020-7618 2480; Threadneedle St, EC3; principales 26-30 £; 🕙12.00-23.00 lu-vi; 🚇Bank)

Dónde beber

Zetter Townhouse Cocktail Lounge
COCTELERÍA

13 PLANO P. 116, B1

Escondido detrás de una modesta puerta en St John's Sq, este bar de la planta baja está decorado con cómodas butacas, animales disecados y una legión de lámparas. La lista de cócteles se basa en la historia de la destilación de la zona: recetas de antaño junto con tinturas caseras y licores se combinan para crear bebidas insólitas. Los cócteles de la casa cuestan 11 £. (📞020-7324 4545; www.thezettertownhouse.com; 49-50 St John's Sq, EC1V; 🕙7.30-12.45; 🛜; 🚇Farringdon)

Fox & Anchor
PUB

14 🚇 PLANO P. 116, C2

Tras una espléndida fachada *art nouveau*, este impresionante *pub* victoriano tradicional hace gala de su proximidad al mercado de Smithfield. La comida es deliciosamente suculenta. Los carnívoros más voraces pueden optar por el City Boy Breakfast (19,50 £). (www.foxandanchor.com; 115 Charterhouse St, EC1M; ⊙7.00-23.00 lu-vi, 8.30-23.00 sa y do; 🛜; ⊖Barbican)

Ye Olde Mitre
PUB

15 Ⓜ PLANO P. 116, B3

Pub histórico acogedor con una amplia selección de cervezas, enclavado en una bocacalle de Hatton Garden. Se construyó en 1546 para los criados de Ely Palace. Dicen que la reina Isabel I danzó alrededor del cerezo junto al bar. (www.yeoldemitreholborn.co.uk; 1 Ely Ct, EC1N; ⊙11.00-23.00 lu-vi; 🛜; ⊖Farringdon)

Sky Pod
BAR

Para acceder a este bar en la azotea (véase 4 Ⓜ plano p. 116, F5) es necesario reservar la entrada para el Sky Garden (p. 118); si además se desea asegurar una mesa, se puede hacer la reserva conjunta. Las vistas son excepcionales, aunque en invierno hace frío. No se aceptan pantalones cortos, ropa deportiva, zapatillas ni chanclas después de las 17.00. (📞0333 772 0020; https://skygarden.london/sky-pod-bar; L35, 20 Fenchurch St, EC3; ⊙7.00-23.00 lu, hasta 24.00 ma, hasta 1.00 mi-vi, 8.00-1.00 sa, 8.00-23.00 do; ⊖Monument)

Fabric
CLUB

16 Ⓜ PLANO P. 116, C2

El club más famoso de Londres tiene tres pistas de baile separadas en un enorme almacén de refrigerados reconvertido, frente al mercado de Smithfield; es mejor

Fox & Anchor.

Los mejores lugares en la ciudad para...

Centro neurálgico cultural No destaca por su aspecto, pero el público acude en masa al **Barbican** por su oferta innovadora en danza, teatro, música, cine y arte.

Comidas con vistas No hay nada como saborear la buena vida, poder ver el hotel donde se pernocta y contemplar la puesta de sol desde el **City Social,** en la Tower 42 (plano p. 116, F3; ☎ 020-7877 7703; www.citysociallondon.com; L24, 25 Old Broad St, EC2; principales 26-38 £; ⏰12.00-15.30 y 18.00-23.30 lu-vi, 17.00-23.30 sa; ⊖ Bank).

Bebidas al viejo estilo Aunque tienden a mantener un horario muy limitado, los *pubs* de la City son históricos y acogedores; el **Jamaica Wine House** (plano p. 116, F4; ☎ 020-7929 6972; www.jamaicawine house.co.uk; 12 St Michael's Alley, EC3; ⏰11.00-23.00 lu-vi; ⊖ Bank) fue antes una cafetería, la primera que abrió en Londres.

comprar las entradas en línea, pues se forman grandes colas. Los viernes FabricLive retumba al son de *drum and bass* y *dubstep,* mientras que los sábados (y algunos viernes) hay actuaciones y DJ en Fabric; WetYourSelf! (domingos) pinchan house, *techno* y electrónica. (☎0207 336 8898; www. fabriclondon.com; 77a Charterhouse St, EC1M; entrada con copa 5-25 £; ⏰23.00-7.00 vi, hasta 8.00 sa, hasta 5.30 do; ⊖Farringdon, Barbican)

Jerusalem Tavern   PUB

17 PLANO P. 116, B2

Este local pequeño y cautivador, sito en un edificio de 1720, tiene cubículos revestidos de madera y fantásticas cervezas elaboradas en St Peter's Brewery (Suffolk). Es muy popular y suele estar abarro-

tado. (www.stpetersbrewery.co.uk; 55 Britton St, EC1M; ⏰11.00-23.00 lu-vi; 🔊; ⊖Farringdon)

Ocio

Barbican Centre   ARTES ESCÉNICAS

18 ⭐ PLANO P. 116, D2

Sede de la London Symphony Orchestra y la BBC Symphony Orchestra, el **Barbican** (☎020-7638 4141; circuitos adultos/niños 12,50/ 10 £; ⏰9.00-23.00 lu-sa, 11.00-23.00 do) acoge también otro tipo de conciertos, en particular de *jazz,* folk, músicas del mundo y *soul.* La danza también se contempla, y en la sala de cine se proyectan estrenos y festivales cinematográficos. (☎020-7638 8891; www. barbican.org.uk; Silk St, EC2; ⏰taquilla 10.00-20.00 lu-sa, 11.00-20.00 do; ⊖Barbican)

De compras

London Silver Vaults ARTESANÍA

19 🔒 PLANO P. 116, A3

Las treinta y pico tiendas ubicadas en estas bóvedas subterráneas forman la mayor colección de plata del mundo bajo un mismo techo. Los diferentes negocios se especializan en tipos concretos de platería: cuberterías, marcos, esculturas zoomorfas, joyas... (📞020-7242 3844; www.silvervaults london.com; 53-63 Chancery Lane, WC2; 🕙9.00-17.30 lu-vi, hasta 13.00 sa; 🚇Chancery Lane)

Circuito a pie 🥾

Un paseo olímpico por el este de Londres

Los Juegos Olímpicos del 2012 transformaron grandes zonas del este de Londres. Alrededor del estadio, lo que fue una zona industrial es ahora un parque con instalaciones deportivas, humedales y una playa urbana. La regeneración se ha extendido a comunidades vecinas como Hackney Wick y ha revalorizado las áreas en torno a Victoria Par.

Cómo llegar

🔵 Stratford (líneas Central y Jubilee). Bethnal Green (línea Central).

🚆 Stratford está en el Overground.

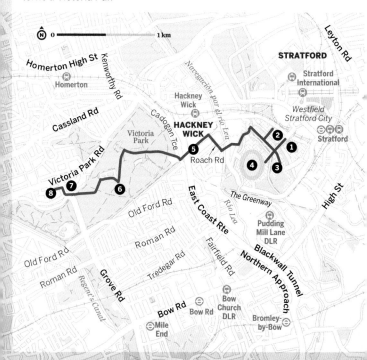

❶ Aquatics Centre

El ondulante diseño del galardonado **Aquatics Centre** (www.londonaquaticscentre.org; adultos/niños desde 5,20/3 £; 🕐6.00-22.30), de Zaha Hadid, lo convierten en el elemento arquitectónico más destacado del Queen Elizabeth Olympic Park. Bañada por luz natural, la piscina olímpica (50 m) reposa bajo un gran techo ondulado que se apoya en solo tres soportes.

❷ Paseo en barco por el Lea

El Olympic Park se extiende varias hectáreas a lo largo del río Lea; una forma de verlo todo es a bordo de un barco de **Lee & Stort** (www.leeandstortboats.co.uk; puente flotante en Stratford Waterfront, E20; adultos/niños 9/4 £; 🕐lu-do abr-sep, sa y do mar y oct).

❸ ArcelorMittal Orbit

Con 115 m de altura, esta singular **estructura** de acero (www.arcelormittalorbit.com; 3 Thornton St, E20; adultos/niños 12,50/7,50 £, con tobogán 17,50/12,50 £; 🕐11.00-17.00 lu-vi, 10.00-18.00 sa y do) del ganador del premio Turner Anish Kapoor ofrece una panorámica fantástica desde su mirador.

❹ Estadio olímpico

La pieza central del Olympic Park, el **estadio olímpico** (www.london-stadium.com; circuitos adultos/niños 19/11 £; 🕐circuitos 10.00-16.15) tiene un aforo de 54 000 espectadores y es también el estadio del West Ham United FC. Cuando no hay eventos deportivos ni conciertos, se ofrecen visitas multimedia autoguiadas.

❺ Hackney Wick y Hertford Union Canal

Al otro lado del canal del Olympic Park, Hackney Wick se ha convertido en un enclave artístico en los últimos años. Los antiguos almacenes son ahora apartamentos, estudios y microcervecerías, como la excelente **Howling Hops** (www.howlinghops.co.uk; 🕐12.00-23.00 do-ju, hasta 24.00 vi y sa).

❻ Victoria Park

Victoria Park (www.towerhamlets.gov.uk/victoriapark; 🕐7.00-anochecer) es una zona arbolada de 86 Ha con lagos ornamentales, monumentos, canchas de tenis, macizos florales y césped abundante. Inaugurado en 1845, fue el primer parque público del East End.

❼ Royal Inn on the Park

Este excelente '**pub**' (www.royalinnonthepark.com; 🕐12.00-23.00; 🕿), en el lado norte de Victoria Park, ofrece media docena de *real ales* y *lagers* checas de barril, además de terrazas para sentarse delante y detrás.

❽ Cena en Empress

El paseo por el este de Londres termina cenando en **Empress** (www.empresse9.co.uk; principales 13,50-18,50 £; 🕐18.00-22.15 lu, 12.00-15.30 y 18.00-22.15 ma-sa, 10.00-21.30 do), exclusivo *gastropub* que sirve cocina británica moderna y una selección de bebidas acorde.

Explorar 🔱
Tate Modern y South Bank

El South Bank londinense ha pasado de ser el patito feo a zona de visita obligada. Una sucesión de lugares destacables bordea el Támesis, desde el London Eye y el enclave cultural de Southbank Centre hasta la Tate Modern, el Millennium Bridge, el Shakespeare's Globe, pubs ribereños, una catedral y uno de los mercados de alimentación más visitados.

Con la entrada para el London Eye (foto izquierda; p. 136; mejor reservar antes) se disfruta de una placentera ascensión al cielo y, si está despejado, unas vistas astronómicas de la ciudad. Tómese un autobús hasta el Imperial War Museum (p. 136), que documenta de forma extraordinaria la guerra de trincheras, el Holocausto y el Londres durante el Blitz. Se puede almorzar en el Anchor & Hope (p. 140) y después ir a la Tate Modern (p. 130). En Oblix (p. 141), se puede alzar un cóctel a las fascinantes vistas del Támesis antes de devorar mezes exquisitos en Arabica Bar & Kitchen (p. 141). Los amantes del teatro deberían reservar entradas para el National Theatre (p. 143) o el Old Vic (p. 143).

Cómo llegar y desplazarse

🚇 Las estaciones Waterloo, Southwark y London Bridge están en la línea Jubilee. La línea Northern y el National Rail también pasan por London Bridge y Waterloo.

🚌 La Riverside RV1 atraviesa South Bank y Bankside y comunica todos los lugares de interés.

Véase el plano en p. 134.

South Bank y el Támesis. IR STONE/SHUTTERSTOCK ©

Principales puntos de interés 📷

Tate Modern

Esta espaciosa y excepcional galería de arte moderno y contemporáneo, en la renovada Bankside Power Station, es una de las atracciones más sorprendentes de Londres: una síntesis fascinante de arte moderno y diseño industrial con ladrillo visto. Su propuesta de llevar piezas arriesgadas a las masas ha sido un éxito, tanto en la colección permanente gratuita como en las exposiciones temporales de pago con artistas de renombre.

◎ PLANO P. 134, E2

www.tate.org.uk

gratis

🕙 10.00-18.00 do-ju, hasta 22.00 vi y sa

🚇 Blackfriars, Southwark, London Bridge

Boiler House

La galería original se encuentra en lo que fue la central eléctrica del Bankside, ahora llamada Boiler House. Es imponente: un edificio de 200 m de longitud, hecho con 4,2 millones de ladrillos. Su conversión en una galería de arte fue un golpe maestro: el "efecto Tate Modern" se nota en el edificio tanto como en su ubicación (los famosos balcones en la planta 3 ofrecen magníficas vistas de la catedral de St Paul), y en la extensa muestra de arte del s. XX en su interior.

Turbine Hall

Es el espacio enorme y diáfano de 3300 m^2 que recibe a los visitantes al bajar la rampa desde Holland St (el acceso principal). En su día albergaba los gigantescos generadores eléctricos de la central; con el tiempo, se ha convertido en la sede principal para instalaciones artísticas a gran escala y exposiciones temporales. Algunos críticos reprochan su populismo, particularmente el "arte participativo" (los Test Site de Carsten Höller, toboganes tubulares al estilo parque de atracciones; Shibboleth, la enorme grieta de Doris Salcedo; y la escultura geométrica escalable de Robert Morris), pero otros insisten en que es una manera de acercar el arte. La entrada junto al río conduce a la planta 1, más tranquila.

Colección permanente

La colección permanente de la Tate Modern sigue un orden temático y cronológico en las plantas 2 y 4 de la Boiler House, y las 0, 2, 3 y 4 de la Switch House, esta última dedicada al arte producido desde la década de 1960.

Hay más de 60 000 obras en constante rotación, lo cual puede frustrar al que busque una obra en concreto, pero es estimulante para el que repite visita. Conviene consultar la web para ver si una obra específica está expuesta y dónde.

★ Consejos

○ Hay audioguías por 4 £ que explican unas 50 obras de arte de las galerías y sugieren circuitos para adultos o niños.

○ Se ofrecen excelentes visitas guiadas gratis (11.00, 12.00, 14.00 y 15.00 lu-do).

○ La Boiler House y la Switch House están conectadas en las plantas 0, 1 y 4; hay planos (1 £) para orientarse.

✕ Una pausa

Si el paseo entre la Boiler House y la Switch House despierta el apetito, el *gastropub* Anchor & Hope (p.140) sirve excelente cocina británica moderna.

Para unos cócteles insólitos y un poco de *pizza*, váyase al **Dandelyan** (www. dandelyanbar.com; Mondrian London, 20 Upper Ground, SE1; ⊗16.00-1.00 lu-mi, 12.00-2.00 ju-sa, hasta 00.30 do; 🛜; ⊖ Southwark).

Los comisarios tienen a su disposición cuadros de Georges Braque, Henri Matisse, Piet Mondrian, Andy Warhol, Mark Rothko y Jackson Pollock, así como piezas de Joseph Beuys, Damien Hirst, Rebecca Horn, Claes Oldenburg y Auguste Rodin.

Un buen lugar para comenzar es la Start Display (planta 2), en la Boiler House: es una pequeña muestra, especialmente seleccionada a modo de "cata", con algunas de las obras más apreciadas de la colección y consejos útiles sobre cómo abordar el arte más alternativo (y abundante).

Switch House

La nueva ampliación de la Tate Modern toma su nombre de la antigua subestación eléctrica que aún ocupa el extremo sureste de la central. Para no desentonar con el edificio contiguo, se han empleado ladrillos, aunque en esta ocasión son más ligeros y forman una celosía cuyas luces del interior ofrecen una magnífica vista del edificio por la noche.

El interior es bastante austero, de hormigón sin pulir con vagas reminiscencias de edificios "brutalistas" decadentes, pero la sala de exposición es fantástica.

Tanques

Los tres enormes tanques subterráneos sirvieron para almacenar el combustible de la central eléctrica. Tres espacios circulares fuera de lo común que ahora

Tate del arte

Los arquitectos suizos Herzog & de Meuron obtuvieron el prestigioso Premio Pritzker de Arquitectura por su proyecto de transformación de la central eléctrica del Bankside, vacía entonces, tras su cierre en 1981. Hubo tres golpes de genialidad: conservar la chimenea central (99 m); añadir un bloque de cristal de dos plantas sobre el tejado; y emplear el diáfano Turbine Hall como imponente punto de acceso. También diseñaron la nueva ampliación de la Tate, la Switch House.

se dedican al arte en directo, la *performance,* las instalaciones o el cine.

Exposiciones especiales

Con la apertura de la Switch House, la Tate Modern ha aumentado el número de exposiciones especiales que alberga. Se ubican en las plantas 3 y 4 de la Boiler House y la 2 de la Switch House; en todas se paga entrada (adultos 12,50-18,50 £, niños gratis).

Se han celebrado retrospectivas importantes, como las de Henri Matisse, Edward Hopper, Frida Kahlo, Roy Lichtenstein, August Strindberg, el nazismo y el arte "degenerado", Joan Miró y Amedeo Modigliani.

A

Kingsway
Drury La
Wellington St
Aldwych
Strand
Strand
Victoria Embankment

B

Chancery La
Middle Temple La
Strand
Temple
Puente de Waterloo

C

Fleet St
Temple Ave
Temple St
Tudor St

D

New Bridge St
Ludgate Hill
City Thameslink
Blackfriars
Puddle Dock
Puente de Blackfriars

Embankment
Festival Pier
Waterloo Rd
25
21
Upper Ground
26
Stamford St
SOUTHWARK
Southwark St
Great Suffolk St
Meymott St
Hatfields
Coin St
Southbank Centre
7
24
Belvedere Rd
Puente de Hungerfortd
Exton St
Waterloo East
17
Joan St
Wootton St
Southwark
14
Jubilee Gardens
SOUTH BANK
Cornwall Rd
The Cut
15
London Eye Pier
London Eye
1
Waterloo
York Rd
23
Ufford St
Surrey Row
London Dungeon
6
BOROUGH
Blackfriars Rd
Webber St
Leake St
Lower Marsh
Waterloo Rd
Lancaster St
Puente de WestmÍnster
Westminster Bridge Rd
Baylis Rd
Pearman St
St George's Rd
London Rd
Borough Rd
Rio Támesis
Carlisle La
Lambeth North
Garden Row
LAMBETH
Lambeth Palace Rd
Imperial War Museum
4
West Square Gardens
Hayles St
Lambeth Rd
Kennington Rd
Brook Dr

Puente de Lambeth
N
0   500 m

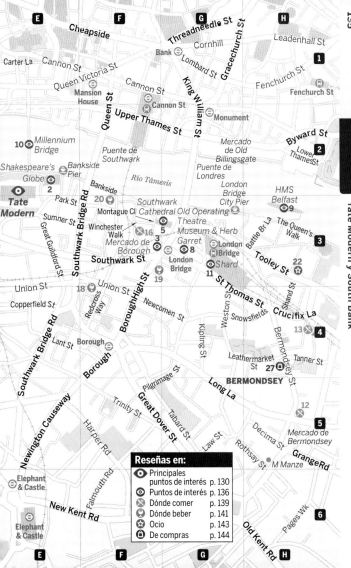

Cheapside

Threadneedle St

Cornhill

Gracechurch St

Leadenhall St

Carter La · Cannon St

Bank

Lombard St

Fenchurch St

1

Cannon St

Queen Victoria St

Cannon St

Mansion House

Cannon St

Queen St

Upper Thames St

King William St

Monument

Fenchurch St

Byward St

Lower Thames St

2

10 Millennium Bridge

Bankside Pier

Puente de Southwark

Mercado de Old Billingsgate

Shakespeare's Globe

Park St

Puente de Londres

Río Támesis

2

Tate Modern

London Bridge City Pier

HMS Belfast **9**

Sumner St

Bankside

20

Southwark

Montague Cl

Cathedral Old Operating

The Queen's Walk

3

Great Guildford St

Southwark Bridge Rd

Winchester Walk

16

5

Theatre

Museum & Herb Garret

8

London Bridge

Battle Br La

Tooley St

22

Mercado de Borough

Southwark St

London Bridge

Shard

11

St Thomas St

Weston St

Crucifix La

Shand St

Union St

18

Union St

Borough High St

Newcomen St

19

Snowsfields

13

4

Copperfield St

Redcross Way

Kipling St

Bermondsey St

Crucifix La

Southwark Bridge Rd

Lant St

Borough

Borough

Leathermarket St

27

Tanner St

Newington Causeway

Pilgrimage St

Long La

BERMONDSEY

Trinity St

Great Dover St

Tabard St

Law St

Decima St

12

5

Mercado de Bermondsey

Harper Rd

Elephant & Castle

Falmouth Rd

Rothsay St

M Manze

Grange Rd

Pages Wk

Elephant & Castle

New Kent Rd

Old Kent Rd

6

Puntos de interés

London Eye
MIRADOR

1 👁 PLANO P. 134, A4

Sus 135 m de altura en una ciudad bastante plana le permiten ofrecer vistas de 40 km a la redonda si el cielo está despejado. Las tabletas interactivas contienen información sobre los lugares emblemáticos según aparecen en el perfil de la ciudad. Cada vuelta dura 30 min. Las entradas Fast-track llevan recargo pero evitan las colas. (☎0871 222 4002; www.londoneye. com; adultos/niños 27/22 £; ⏰11.00-18.00 sep-may, 10.00-20.30 jun-ago; 🚇Waterloo, Westminster)

Shakespeare's Globe
EDIFICIO HISTÓRICO

2 👁 PLANO P. 134, E2

A diferencia de otros lugares dedicados a Shakespeare, el nuevo Globe se diseñó para que se pareciera al original lo máximo posible, por lo que está expuesto a los caprichosos cielos londinenses y a veces 700 espectadores tienen que aguantar de pie bajo los famosos aguaceros de Londres. La entrada al Globe incluye visitas al teatro (cada media hora) y acceso al espacio expositivo, que alberga muestras sobre Shakespeare y el teatro del s. XVII. (☎020-7902 1500; www.shakespearesglobe.com; 21 New Globe Walk, SE1; adultos/niños 17/10 £; ⏰9.30-17.00; 🚻; 🚇Blackfriars, London Bridge)

Mercado de Borough
MERCADO

3 👁 PLANO P. 134, F3

Sita aquí de una u otra forma desde el s. XIII (posiblemente desde el 1014), la "London's Larder" (despensa de Londres) ha experimentado un renacer asombroso en los últimos 15 años. Se ha consolidado como un lugar de interés por sí mismo y está especializado en productos frescos exclusivos; también hay puestos de comida para llevar y un sinfín de puestos de pasteles. (www.boroughmarket.org.uk; 8 Southwark St, SE1; ⏰10.00-17.00 mi y ju, 10.00-18.00 vi, 8.00-17.00 sa; 🚇London Bridge)

Imperial War Museum
MUSEO

4 👁 PLANO P. 134, C6

Con un par de cañones antiaéreos de 38 cm como recibimiento, este

South Bank

El South Bank se divide en tres zonas principales en cuanto a puntos de interés: el área en la franja suroeste, con el London Eye y el Southbank Center; el "Bankside", con la Tate Modern, el Shakespeare's Globe Theatre y el mercado de Borough; y finalmente el tramo entre el puente de Londres y Tower Bridge, donde se congregan hitos como el Shard, el HMS *Belfast* y el City Hall.

museo se encuentra en lo que fue el Bethlehem Royal Hospital, un hospital psiquiátrico también llamado Bedlam. El museo abarca todo tipo de temas bélicos. Destacan las vanguardistas **First World War Galleries** (patio frontal) y **Witnesses to War** (atrio superior). (☎020-7416 5000; www.iwm.org.uk; Lambeth Rd, SE1; gratis; ☺10.00-18.00; ⊖Lambeth North)

Catedral de Southwark IGLESIA

5 ◉ PLANO P. 134, G3

Las partes más antiguas que se conservan de esta catedral son el trascoro del extremo sur, que contiene cuatro capillas y formaba parte del priorato de St Mary Overie del s. XIII, unas arcadas antiguas junto a la puerta suroeste y un arco de la iglesia original normanda. Pero casi toda la catedral es victoriana. Las misas vespertinas son a las 17.30 los martes, jueves y viernes, a las 16.00 los sábados y a las 15.00 los domingos. (☎020-7367 6700; www.cathedral.southwark.anglican.org; Montague Cl, SE1; ☺8.00-18.00 lu-vi, 8.30-18.00 sa y do; ⊖London Bridge)

Mazmorras de Londres EDIFICIO HISTÓRICO

6 ◉ PLANO P. 134, A4

A los niños mayores les suele encantar el London Dungeon. Tiene música de miedo, paseos en barcos fantasma, macabras caídas de ahorcados, sangre falsa y actores disfrazados de torturadores y sangrientos criminales (como Jack el Destripador y Sweeney Todd), con abundantes sobresaltos interactivos. (www.thedungeons.com/london; County Hall, Westminster Bridge Rd, SE1; adultos/niños 30/24 £; ☺10.00-16.00 lu-mi y vi, 11.00-16.00 ju, 10.00-18.00 sa, 10.00-17.00 do; 🚼; ⊖Waterloo, Westminster)

Regalos en el mercado de Borough

Los gorrones, buscagangas gastronómicas y hambrientos irreprimibles tienen que peregrinar al mercado de Borough, donde se apilan las delicias y los puestos ofrecen un montón de picoteo gratuito: sabrosas exquisiteces y comida exótica. Y si el picoteo no basta, hay muchos puestos de comida para llevar.

Southbank Centre CENTRO DE ARTE

7 ◉ PLANO P. 134, B3

El local principal del Southbank Centre, el centro más grande de Europa para las artes escénicas y visuales, es el Royal Festival Hall. Con su fachada suavemente curvada de cristal y piedra de Portland, rezuma más humanidad que sus vecinos "brutalistas" de la década de 1970. Es una de las salas musicales más eminentes de Londres y el epicentro de esta parte del South Bank, con cafés, restaurantes, tiendas y bares. (☎020-3879 9555; www.southbankcentre.co.uk; Belvedere Rd, SE1; 🚼; ⊖Waterloo, Embankment)

Barco de Tate a Tate

El **Tate Boat** (ida adultos/niños 8,30/4,15 £) realiza pintorescas excursiones culturales entre el Bankside Pier, en la Tate Modern, y el Millbank Pier, en su homóloga Tate Britain (p. 56).

Old Operating Theatre Museum & Herb Garret
MUSEO

8 ◉ PLANO P. 134, G3

En la torre de la St Thomas Church (1703), al final de una escalera de caracol de 32 escalones, nadie espera encontrar la sala de operaciones más antigua de Gran Bretaña. Redescubierta en 1956, la buhardilla fue utilizada por el boticario del St Thomas Hospital para almacenar plantas medicinales. Este museo único echa una ojeada a los horrores de la medicina del s. XIX, antes de los anestésicos y los antisépticos. Incluye una sórdida variedad de cuchillos y sierras para amputación. (www.oldoperating theatre.com; 9a St Thomas St, SE1; adultos/niños 6,50/3,50 £; ⏰10.30-17.00; ⊖London Bridge)

HMS 'Belfast'
BARCO

9 ◉ PLANO P. 134, H3

El HMS *Belfast* es un imán para niños de todas las edades. Este gran crucero ligero (que se botó en 1938) sirvió en la II Guerra Mundial, donde ayudó a hundir el acorazado alemán *Scharnhorst,* colaboró en el bombardeo duran-te el desembarco de Normandía y, más tarde, participó en la Guerra de Corea. Sus cañones de 15 cm podían bombardear un objetivo a 22,5 km de distancia terrestre. Sus exposiciones ofrecen una perspectiva de cómo era la vida a bordo en época de paz y durante las campañas militares. (www.iwm.org.uk/visits/hms-belfast; Queen's Walk, SE1; adultos/niños 15,45/7,70 £; ⏰10.00-17.00; ⊖London Bridge)

Millennium Bridge
PUENTE

10 ◉ PLANO P. 134, E2

El elegante puente de acero, aluminio y hormigón une la orilla sur del Támesis, delante de la Tate Modern, con la orilla norte, en las escaleras de Peter's Hill, bajo la catedral de St Paul. La estructura de perfil bajo, diseñada por Norman Foster y Antony Caro, es espectacular, sobre todo con la iluminación nocturna de fibra óptica. (⊖St Paul's, Blackfriars)

Shard
EDIFICIO RELEVANTE

11 ◉ PLANO P. 134, G3

Este rascacielos en forma de astilla se ha convertido en un icono londinense. Los miradores de los pisos 68, 69 y 72 están abiertos al público y las vistas, como es de esperar desde una altura de 244 m, son impresionantes, pero caras. Conviene reservar en línea al menos un día antes para ahorrarse una suma importante. (www. theviewfromtheshard.com; 32 London

Bridge St, SE1; adultos/niños 31/25 £;
⏱10.00-22.00; ⊖London Bridge)

Dónde comer

Padella
ITALIANA £

Otra fantástica adición al enclave
gastronómico del mercado de
Borough (p. 136), Padella (véase
3 ⊕ plano p. 134, F3) es un pequeño
y eficiente bistró especializado
en platos de pasta artesanal. Las
porciones son pequeñas. (www.
padella.co; 6 Southwark St, SE1; platos
4-11,50 £; ⏱12.00-15.45 y 17.00-22.00
lu-sa, 12.00-15.45 y 17.00-21.00 do; ✎;
⊖London Bridge)

Watch House
CAFÉ £

12 🍴 PLANO P. 134, H5

Los bocadillos son realmente
deliciosos (y sus panes artesanales los hace un panadero de
la zona), pero también tienen un
café estupendo, dulces y un local
pequeño pero encantador: una
casa de guardas renovada del
s. xix desde donde vigilaban por si
aparecían ladrones de tumbas en
el cementerio de al lado. (www.the
watchhouse.com; 199 Bermondsey St,
SE1; principales desde 4,95 £; ⏱7.00-
18.00 lu-vi, 8.00-18.00 sa, 9.00-17.00
do; ✎; ⊖Borough, London Bridge)

Mercado de Maltby Street
MERCADO £

13 🍴 PLANO P. 134, H4

Comenzó como una alternativa al
gigante del mercado de Borough
(p.136), pero se está convirtiendo en
una víctima de su propio éxito, con
comercios y restaurantes que reem-

Padella.

CORTESÍA DE PADELLA ©

Tate Modern y South Bank Dónde comer

'Pie and mash'

Quien sienta curiosidad por saber qué comían los londinenses antes de que la oferta deviniera chic y étnica, debería visitar una tienda típica de empanadas y purés (pie 'n' mash shop). **M Manze** (plano p. 134, H5; www.manze.co.uk; 87 Tower Bridge Rd, SE1; principales desde 2,95 £; ⏱11.00-14.00 lu, 10.30-14.00 ma-ju, 10.00-14.30 vi, hasta 14.45 sa; ⊖Borough) se fundó en 1902 y es un clásico, tanto por sus azulejos antiguos como por el menú tradicional de obrero (precios desde 2,95 £); empanada y puré o empanada con *liquor*. Sirven anguilas con gelatina o guisadas.

plazan los viejos talleres y grandes multitudes. Dispone de puestos de comida originales y de primera clase que venden salmón ahumado del este de Londres, hamburguesas africanas, marisco y pasteles muy variados. (www.maltby.st; Maltby St, SE1; platos 5-10 £; ⏱9.00-16.00 sa, 11.00-16.00 do; ⊖Bermondsey)

Skylon
EUROPEA MODERNA ££

Este restaurante (véase **24** ✪ plano p. 134, B3) en el interior del Royal Festival Hall (p. 144) tiene una gran barra que divide sus dos secciones: un asador y un restaurante de cinco estrellas. La decoración es de los años cincuenta: colores apagados y sillas de época. Los ventanales, del suelo al techo, ofrecen vistas del Támesis y la City. Conviene reservar. (☎020-7654 7800; www.skylon-restaurant.co.uk; 3er piso, Royal Festival Hall, Southbank Centre, Belvedere Rd, SE1; menú 3 platos parrilla/restaurante 25/30 £; ⏱parrilla 12.00-23.00 lu-sa, hasta 22.30 do, restaurante 12.00-14.30 y 17.00-22.30 lu-sa, 11.30-16.00 do; 🛜; ⊖Waterloo)

Anchor & Hope
GASTROPUB ££

14 🍴 PLANO P. 134, C4

El Anchor & Hope, un incondicional del panorama gastronómico del South Bank, es el *gastropub* por antonomasia: elegante sin ser formal y con platos europeos con un toque británico. La carta cambia a diario, pero he aquí algunos platos: paletilla de cordero con sal marina cocinada durante 7 h, conejo de campo con anchoas, almendras y rúcula, y *panna cotta* con compota de ruibarbo. (www.anchorandhopepub.co.uk; 36 The Cut, SE1; principales 12-20 £; ⏱12.00-14.30 ma-sa, 18.00-22.30 lu-sa, 12.30-15.15 do; ⊖Southwark)

Baltic
EUROPA DEL ESTE ££

15 🍴 PLANO P. 134, D4

En un luminoso y holgado comedor (con claraboya de cristal y vigas de madera), el Baltic ofrece un viaje gastronómico: eneldo y remolacha, empanadillas y blinis (tortitas rusas), encurtidos y ahumados, estofados y carne guisada.

De Polonia a Georgia, los sabores son genuinos y la presentación exquisita. Las cartas de vinos y de vodkas son igual de diversas. (📞020-7928 1111; www.baltic restaurant.co.uk; 74 Blackfriars Rd, SE1; principales 11,50-22 £, menú almuerzo 2 platos 17,50 £; ⏲12.00-15.00 y 17.30-23.15 ma-sa, 12.00-16.30 y 17.30-22.30 do, 17.30-23.15 lu; 🍴; ❸Southwark)

Arabica Bar & Kitchen

ORIENTE PRÓXIMO £££

16 🍴 PLANO P. 134, F3

Arabica Bar & Kitchen ha conseguido aportar algo fresco a su mesa: la decoración es contemporánea y animada y la comida delicada y ligera, con la idea de compartir (de dos a tres platillos por persona). (📞020-3011 5151; www.arabicabarandkitchen.com; 3 Rochester Walk, Borough Market, SE1; platos 6-14 £; ⏲12.00-23.00 lu-vi, 9.00-23.30 sa, 12.00-21.00 do; 🍴; ❸London Bridge)

Dónde beber

Oblix

BAR

En la planta 32 del Shard (p. 138), el Oblix (véase 11 ❷ plano p. 134, G3) ofrece unas vistas cautivadoras de Londres. Se puede tomar café (3,50 £) o un cóctel (desde 13,50 £) y disfrutar casi de las mismas vistas que desde los miradores oficiales del edificio pero a un precio menor y con el añadido de la bebida. Todas las tardes hay música en directo a partir de las 19.00. (www. oblixrestaurant.com; 32ª planta, Shard, 31 St Thomas St, SE1; ⏲12.00-23.00; ❸London Bridge)

Shakespeare's Globe (p. 136).

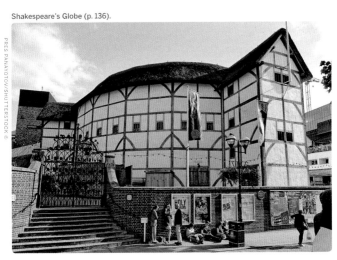

PRES PANAYOTOV/SHUTTERSTOCK ©

Tate Modern y South Bank Dónde beber

King's Arms PUB

17 PLANO P. 134, C3

Relajado y encantador, este bar de barrio, en la esquina de un callejón con terrazas de Waterloo, fue una funeraria en el pasado. La amplia zona de bar, con chimenea en invierno, sirve una buena selección de *ales* y cervezas amargas. Se abarrota con gente que sale del trabajo, entre las 18.00 y las 20.00. (☏020-7207 0784; www.thekingsarms london.co.uk; 25 Roupell St, SE1; ☉11.00-23.00 lu-vi, 12.00-23.00 sa, 12.00-22.30 do; ☻Waterloo)

Coffee House CAFÉ

18 PLANO P. 134, F4

Este nuevo local en el área de cafés del Bankside es un regalo del cielo, y el mejor para los amantes del café y los especialistas que lo preparan. El ambiente puede resultar pretencioso a causa de cierta clientela que elige pasar el rato aquí con su Mac, pero es un lugar magnífico con espacio suficiente para disfrutar plácidamente de un *flat white* (bebida de café). (The Gentlemen Baristas; www. thegentlemenbaristas.com; 63 Union St, SE1; café 1,50-2,90 £; ☉7.00-18.00 lu-vi, 8.30-17.00 sa, 10.00-16.00 do; ☎; ☻London Bridge, Borough)

George Inn PUB

19 PLANO P. 134, F3

Perteneciente al National Trust, y arrendado por él, esta espléndida tasca antigua es la última casa de postas que queda en Londres;

data de 1677 y se menciona en la *Pequeña Dorrit* de Dickens. Ocupa el emplazamiento de la Tabard Inn, donde los peregrinos de *Los cuentos de Canterbury* de Chaucer se reunían antes de partir rumbo a Canterbury (Kent). (NT; ☏020-7407 2056; www.nationaltrust.org.uk/ george-inn; 77 Borough High St, SE1; ☉11.00-23.00; ☻London Bridge)

Aqua Shard BAR

La entrada a este elegante bar y restaurante de tres plantas (véase 11 ☻ plano, p. 134, G3) ofrece vistas fascinantes del Shard (p. 138) sin tener que pagar el alto precio de la entrada al mirador. Suele haber cola, y el bar no acepta reservas (aunque sí el restaurante). Para evitar la espera, hay que ir temprano (para tomar un café) o muy tarde (cerca de la medianoche). Pueden entrar niños hasta las 18.00. (www.aquashard. co.uk; 31ª planta, 31 St Thomas St, SE1; ☉10.30-1.00 do-ju, hasta 3.00 vi y sa; ☻London Bridge)

Anchor Bankside PUB

20 PLANO P. 134, F3

Por buenas razones, este local junto al río, que data del s. XVII, es la piedra angular de las recomendaciones. La terraza recompensa con magníficas vistas del Támesis, pese al constante tumulto y el ir y venir de la clientela. Samuel Johnson, figura literaria del s. XVIII y amigo del propietario, bebió aquí, como también lo hizo antes el diarista Samuel Pepys. (34 Park St,

Bermondsey Beer Mile

La cerveza artesanal está en auge y Bermondsey ocupa el epicentro de este renacimiento. Cuenta con siete microcervecerías en un tramo de una milla, que acogen a bebedores exigentes los viernes por la noche y sábados de 11.00 a 17.00 (o más tarde).

Se recomienda la **Southwark Brewing Company** (www.southwark brewing.co.uk; 46 Druid St, SE1; ☻17.00-22.00 vi, 11.00-18.00 sa, hasta 16.00 do; ⊜London Bridge), en una especie de hangar con grandes mesas y sofás, así como la **Anspach & Hobday** (www.anspachandhobday.com; 118 Druid St, SE1; ☻17.00-21.30 vi, 10.30-18.30 sa, 12.30-17.00 do; ⊜London Bridge), dotada de una agradable zona exterior para sentarse. *La porter* (una cerveza tostada y oscura) es la predilecta.

SE1; ☻11.00-23.00 do-mi, hasta 24.00 ju-sa; ⊜London Bridge)

Ocio

Shakespeare's Globe   TEATRO

Para los amantes de Shakespeare y del teatro, el Globe (véase 2 ⊚ plano p. 134, E2) es impactante e imprescindible. Este teatro auténtico de tiempos de Shakespeare (p. 136) es un edificio de madera en forma de O sin tejado en la parte central del escenario; aunque hay gradas de madera cubiertas alrededor del escenario, mucha gente (aforo: 700 personas) prefiere hacer como los pobres del s. XVII y quedarse de pie ante el escenario. (☏020-7401 9919; www.shakespearesglobe.com; 21 New Globe Walk, SE1; asientos 20-45 £, en pie 5 £; ⊜Blackfriars, London Bridge)

National Theatre   TEATRO

21 ✸ PLANO P. 134, B3

El buque insignia del teatro inglés programa obras clásicas y contemporáneas con excelentes intérpretes en tres salas (Olivier, Lyttelton y Dorfman). El director artístico Rufus Norris, que ocupó el puesto en abril del 2015, fue noticia en el 2016 por anunciar su plan sobre una obra basada en el Brexit. (Royal National Theatre; ☏020-7452 3000; www.nationalthea tre.org.uk; South Bank, SE1; ⊜Waterloo)

Unicorn Theatre   TEATRO

22 ✸ PLANO P. 134, H3

Parece natural que uno de los primeros teatros dedicados al público joven se haya instalado en un área de teatros de gran impacto. El motivo sería que el mejor teatro infantil debería juzgarse con los mismos parámetros que el mejor teatro para adultos. Así, las producciones son excelentes, de amplio alcance y perfectamente adaptadas al público destinatario. (☏020-7645 0560; www.unicorntheatre.com; 147 Tooley St, SE1; ⊜London Bridge)

Old Vic
TEATRO

23 ⭐ PLANO P. 134, C4

El actor estadounidense Kevin Spacey tomó las riendas de este teatro londinense en el 2003. En abril del 2015 dejó el puesto a Matthew Warchus, que dirigió el musical *Matilda* y la película *Pride (Orgullo)*. Su objetivo es traer al teatro una programación más ecléctica: nuevos guiones así como la reactivación de obras y musicales antiguos. (☏0844 871 7628; www.oldvictheatre.com; The Cut, SE1; 🚇Waterloo)

Southbank Centre
SALA DE CONCIERTOS

El Southbank Center (véase 7 ◉ plano p. 134, B3) abarca el Royal Festival Hall, el Queen Elizabeth Hall y la Purcell Room. Acoge una amplia gama de artes escénicas y, además de su programación regular, organiza fantásticos festivales, como el London Wonderground (circo y cabaret), el Udderbelly (un festival de comedia en todas sus formas) y el Meltdown (un evento musical comisariado por los artistas musicales más relevantes y eclécticos). (☏0844 875 0073; www.southbankcentre.co.uk; Belvedere Rd, SE1; 🚇Waterloo)

Royal Festival Hall
SALA DE CONCIERTOS

24 ⭐ PLANO P. 134, B3

El Royal Festival Hall tiene 2500 butacas en su anfiteatro y es uno de los mejores lugares para ver a intérpretes de música clásica de todo el mundo. El sonido es fantástico, la programación impecable y hay frecuentes conciertos gratuitos en el amplio vestíbulo. (☏020-7960 4200; www.southbankcentre.co.uk; Southbank Centre, Belvedere Rd, SE1; 🛜; 🚇Waterloo)

Queen Elizabeth Hall
SALA DE CONCIERTOS

25 ⭐ PLANO P. 134, B3

Esta sala de conciertos, también integrante del Southbank, organiza actuaciones de música y danza en menor escala que el Royal Festival Hall. Volvió a abrir en abril del 2018 después de un plan de modernización. (QEH; www.southbankcentre.co.uk; Southbank Centre, Belvedere Rd, SE1; 🚇Waterloo)

Rambert Dance Company
DANZA

26 ⭐ PLANO P. 134, B3

La innovadora Rambert Dance Company es la compañía de danza contemporánea más relevante del país, con actuaciones en numerosas salas de Londres, el Reino Unido y el extranjero. (☏020-8630 0600; www.rambert.org.uk; 99 Upper Ground, SE1)

De compras

Lovely & British
REGALOS Y RECUERDOS

27 🔒 PLANO P. 134, H4

Como sugiere su nombre, esta *boutique* de Bermondsey se enorgullece de sus grabados, joyas y menaje del hogar de diseñadores británicos. Es una mezcla ecléctica de artículos, con precios muy razonables, perfectos para regalo o como recuerdo. (☏020-7378 6570; www.facebook.com/LovelyandBritish; 132a Bermondsey St, SE1; ⊙10.00-18.00 lu-vi, hasta 19.00 sa, 11.00-17.00 do; ⊖London Bridge)

Utobeer
COMIDA Y BEBIDAS

Esta cervecería (véase 3 ⊙ plano p. 134, F3) dentro del mercado de

Borough (p. 136) cuenta con una provisión de 700 botellas internacionales y una gran selección de marcas europeas y estadounidenses para llevar. Su *pub* hermano, el Rake, (p. 63) está justo fuera del mercado. (Borough Market, Unit 24, Middle Row, SE1; ⊙11.00-17.30 lu-vi, 9.00-17.00 sa; ⊖London Bridge)

Explorar ◎

Museos de Kensington

Kensington es uno de los barrios más bellos y con mejor aspecto de Londres. Cuenta con tres museos excelentes: el V&A, el Natural History Museum y el Science Museum, así como fantásticos restaurantes y tiendas, parques refinados y calles con elegantes edificios victorianos.

Se empieza con el Victoria & Albert Museum (p. 148), lleno de cosas que ver. Quien tenga niños puede comenzar por el Natural History Museum (p. 152) o el Science Museum (p. 158). Se recomienda almorzar en el V&A Café (p. 149) y quemar el almuerzo explorando las exuberantes extensiones de vegetación del centro de Londres: Hyde Park (p. 158) y Kensington Gardens (p. 160) encantarán con sus galerías, zonas de recreo y el palacio de Kensington (p. 158). Y para compras, este es el lugar adecuado; hay que pasear por Old Brompton Rd, con la parada de rigor en Harrods (p. 165), sin olvidar Kensington High Street y King's Rd.

Cómo llegar y desplazarse

⊖ Hyde Park Corner, Knightsbridge y South Kensington (línea Piccadilly) y South Kensington, Sloane Sq y High St Kensington (líneas Circle y District).
🚌 Los nº 74, 52 y 360 son prácticos.

Véase el plano en p. 156.

Lago Serpentine, Hyde Park (p. 158). DAVE HILAND/SHUTTERSTOCK ©

Principales puntos de interés 📷
Victoria & Albert Museum

Especializado en artes decorativas y diseño, el museo conocido en todo el mundo como V&A alberga unos 2,75 millones de objetos de Gran Bretaña y de todo el mundo, algunos de hasta 5000 años de antigüedad.

◉ PLANO P. 156, E5
📞 020-7942 2000
www.vam.ac.uk
Cromwell Rd, SW7
gratis
🕐 10.00-17.45 sa-ju, hasta 22.00 vi
Ⓢ South Kensington

Colección

Con 146 galerías, el museo alberga la mayor colección de artes decorativas del mundo: cerámica china antigua, dibujos arquitectónicos del modernismo, bronce coreano, espadas japonesas, los Cartones de Rafael, vestidos de la época isabelina, joyas antiguas, un *walkman* de Sony, y mucho más. Abre hasta las 22.00 los viernes por la noche, aunque de manera parcial.

Entrada

Si se entra por la Gran Entrada (Cromwell Rd) bajo la impresionante escultura de vidrio azul y amarillo (o **'chandelier'**) de Dale Chihuly, se puede comprar un plano del museo (1 £) en el mostrador de información. Si esta entrada está demasiado abarrotada, hay otra nueva a la vuelta de la esquina, en Exhibition Rd (2017); también se puede acceder desde el túnel en el sótano, si se llega en metro.

Planta 1

Esta planta (a nivel de calle) está dedicada principalmente al arte y el diseño de la India, China, Japón, Corea y el sureste asiático, así como al arte europeo. Uno de los principales atractivos son los **Cast Courts**, en las salas 46a y 46b: una colección de moldes de escayola recopilados en la época victoriana, como el del *David* de Miguel Ángel, adquirido en 1858.

La **galería de TT Tsui (China)** (salas 44 y 47e) expone piezas espléndidas: una hermosa estatua de madera de Guanyin (un *bodhisattva* Mahayana) en una majestuosa postura de *lalitasana* (1200 a.C.), así como una lámina de las *Veinte vistas del palacio de verano de Yuanming-yuan* (1781-1786), que revela el Haiyantang y las 12 cabezas de animales de la fuente (ahora en ruinas) en Pekín. En la tenuemente iluminada **galería de Japón** (sala 45) hay una temible **armadura** de estilo Domaru. La **galería del Oriente Próximo islámico** (sala 42) alberga

★ Consejos

○ Acudir los viernes a última hora de la tarde, cuando hay menos gente.

○ Programar lo que se quiere visitar y comprobar su ubicación con antelación.

○ Adquirir un plano (1 £) en el mostrador de información.

✕ Una pausa

Encantador e ideal para descansar, el **V&A Cafe** (☎ 020-7581 2159; principales 7,45-13,50 £; ⊗ 10.00-17.15 sa-ju, hasta 21.30 vi; 🛜) sirve un té de la tarde muy especial.

Para una deliciosa cocina libanesa, Comptoir Libanais (p. 162) está a la vuelta de la esquina de la estación de metro South Kensington.

más de 400 objetos (cerámica, tejidos, alfombras, vidrio y madera) desde el s. VIII hasta antes de la I Guerra Mundial. Destaca la **alfombra de Ardabil,** de mediados del s. XVI.

John Madejski Garden y Refreshment Rooms

Se puede tomar un poco de aire fresco en el jardín John Madejski, sito en un patio interior sombreado. Se cruza para llegar a las Refreshment Rooms (Morris, Gamble y Poynter), que datan de la década de 1860. McInnes Usher McKnight Architects (MUMA) fueron los encargados de renovar estas salas, como también las **galerías Medieval y del Renacimiento** (1350-1600), a la derecha de la Gran Entrada.

Plantas 2 y 4

Las **galerías Británicas,** en las que se expone el diseño británico (1500-1900), se reparten entre las plantas 2 (1500-1760) y 4 (1760-1900). La planta 4 también acoge la **sala de Arquitectura** (salas 127-128a), que describe con claridad los estilos arquitectónicos a través de maquetas y vídeos, y la espectacularmente iluminada **sala de Vidrio Contemporáneo** (sala 129).

Planta 3

La **sala de las Joyas** (salas 91-93) es asombrosa; la entreplanta está repleta de brillantes espadas con incrustaciones de joyas, relojes y cajas de oro. La **galería de la Fotografía** (sala 100) es una de las más relevantes del país, con más de 500 000 imágenes recopiladas desde mediados del s. XIX. **Diseño desde 1945** (sala 76) honra a los clásicos: una radio Sony del tamaño de una tarjeta de crédito (1985); una zapatilla "Air Max" de Nike (1992); la silla Garden Egg de Peter Ghyczy (1968); y el omnipresente palo para *selfies*.

Planta 6

En la **sala de la Cerámica** (salas 136-146), la más grande del mundo, destacan las piezas de Oriente Próximo y Asia. La **galería de la Dra. Susan Weber** (salas 133-135) alberga muebles de diseño de los seis últimos siglos.

Exposiciones temporales

Las exposiciones temporales del V&A (abarcan retrospectivas de figuras como David Bowie o el diseñador Alexander McQueen) son atractivas y divertidas (se cobra entrada). Hay también charlas, talleres, eventos y una sublime tienda.

Visitas en el V&A

Cada día hay visitas introductorias gratuitas de 1 h que salen de la recepción a las 10.30, 12.30, 13.30 y 15.30. La web proporciona información detallada sobre otros circuitos más específicos.

Exhibition Road Building Project

El Exhibition Road Building Project inauguró una nueva y magnífica

V&A a través del tiempo

El V&A abrió en 1852 gracias al éxito de la Gran Exposición de 1851 y al entusiasmo del príncipe Alberto por las artes. Sus objetivos iniciales fueron acercar el arte al pueblo llano y "mejorar el gusto del público en diseño". Empezó con objetos coleccionados por la Government School of Design en las décadas de 1830 y 1840 y con las compras hechas con 5000 £ procedentes de los beneficios de la Gran Exposición.

Primera ampliación

El Museo de las Manufacturas, como se lo conocía entonces, trasladó su mezcla de diseños e innovaciones a una serie de edificios semipermanentes en South Kensington en 1857. Se amplió y se construyeron más edificios para tal fin y en 1890 la junta del museo convocó un concurso para diseñar la nueva fachada del museo en Cromwell Rd y unificar semejante batiburrillo arquitectónico. Ganó el arquitecto Aston Webb (inmerso en la construcción de la fachada del palacio de Buckingham) y la reina Victoria puso la primera piedra en mayo de 1899. La ocasión supuso un nuevo nombre: el Victoria & Albert Museum.

Reducción del precio de entrada

En 1913, cuando las sufragistas militantes amenazaron con dañar las exposiciones, el V&A consideró negar la entrada de las mujeres al museo, pero optó por reducir el precio de las entradas a fin de aumentar el número de visitantes y reforzar la seguridad de la colección.

V&A en las guerras

El V&A no cerró durante las dos contiendas mundiales. Cuando estalló la I Guerra Mundial, varias obras del escultor francés Auguste Rodin habían sido prestadas al V&A, pero las hostilidades impidieron su regreso a Francia. Rodin quedó tan conmovido por la solidaridad de los ejércitos inglés y francés que donó las piezas al museo. Durante la II Guerra Mundial, el edificio fue alcanzado repetidamente por las bombas alemanas (aún está la inscripción conmemorativa en Cromwell Rd). Los daños fueron mínimos porque buena parte de la colección había sido evacuada (o emparedada, como los Cartones de Rafael).

entrada (a través de la pantalla del s. XIX diseñada por sir Aston Webb) que conduce al Sackler Courtyard, así como a la subterránea Sainsbury Gallery, un reciente y amplio espacio para exposiciones temporales.

Principales puntos de interés 📷
Natural History Museum

Uno de los museos más queridos de Londres, este emblemático edificio está imbuido del incontenible espíritu victoriano de recopilar, catalogar e interpretar el mundo natural. El edificio principal, diseñado por Alfred Waterhouse, está realizado con ladrillos y terracota de colores azul y arena y merece una visita tanto por sí mismo como por la colección que alberga. Encantará tanto a los niños como a sus padres.

◎ PLANO P. 156, D5
www.nhm.ac.uk
Cromwell Rd, SW7
gratis
🕐 10.00-17.50
🚇 South Kensington

Arquitectura

Hay que admirar la obra de Alfred Waterhouse: columnas talladas, bajorrelieves de animales, esculturas de plantas y bestias, vidrieras y arcos sublimes. El museo es una obra de arte.

Hintze Hall

Esta gran sala central parece una nave de catedral, muy apropiada en la época en la que las ciencias naturales desafiaban los dogmas bíblicos de la ortodoxia cristiana. Richard Owen, naturalista y primer superintendente del museo, alabó el edificio como una "catedral de la naturaleza".

Tras una estancia de 81 años en la galería de los mamíferos, en el 2017 la osamenta de la colosal ballena azul fue reubicada en el Hintze Hall para reemplazar a la popular maqueta de un **esqueleto de diplodocus** apodado Dippy. El traslado en sí fue un gigantesco y minucioso proyecto de ingeniería: desmontar y preparar 4,5 toneladas de huesos para después reconstruirlos en una llamativa postura de inmersión.

Zona Verde

A los niños les encanta la Zona Azul, pero los adultos prefieren la Zona Verde, en especial los **tesoros de la galería Cadogan.** Sita en la primera planta, alberga los objetos más preciados del museo, cada uno con su propia historia. Incluye un trozo de roca lunar, un huevo de pingüino emperador recolectado por la expedición del capitán Scott y una primera edición de *El origen de las especies* de Charles Darwin.

Igualmente raras y excepcionales son las piedras preciosas y rocas conservadas en el **Vault,** como un meteorito de Marte y la esmeralda más grande jamás encontrada.

En la planta 2, impresiona la sección de un tronco de una **secuoya gigante** de 1300 años.

De vuelta en la planta baja, la **galería de los Bichos** es fantástica, pues trata todos los as-

---

★ **Consejos**

○ Realizar un circuito tras el cierre del museo para disfrutar del espacio prácticamente vacío.

○ Lo visitan más de cinco millones al año: evitar los fines de semana o las vacaciones escolares, o acudir temprano.

○ Los visitantes con entrada tienen acceso prioritario sin cola.

○ Descargar la app con información sobre las mejores atracciones y exposiciones.

✕ **Una pausa**

La cercana **Queen's Arms** (www.thequeen sarmskensington. co.uk; 30 Queen's Gate Mews, SW7; ⊙12.00-23.00 lu-sa, hasta 22.30 do) permite disfrutar de una pinta en un clásico y exquisito entorno londinense.

El restaurante polaco **Daquise** (www. daquise.co.uk; 20 Thurloe St, SW7; principales 15-20 £; ⊙12.00-23.00), cerca de la estación de metro South Kensington, sirve un delicado almuerzo rápido.

pectos de la vida de los insectos, así como su efecto sobre los humanos.

Zona Azul

La atracción estelar del museo, la **galería de los Dinosaurios,** incluye una impresionante pasarela elevada que pasa junto a un dromaeosaurus (un pequeño y ágil carnívoro) y llega hasta el feroz T-rex animatrónico, además de serpentear por esqueletos, fósiles, maquetas y fascinantes exposiciones sobre la vida y muerte de los dinosaurios.

Otra sección destacable es la **galería de los Mamíferos y la Ballena Azul,** con una maqueta de ballena azul a tamaño real y extensas representaciones de cetáceos.

Para recordar que el ser humano forma parte del reino animal, el museo tiene una galería dedicada a la **biología humana,** que facilita la comprensión de los sentidos, las hormonas, el cerebro, etc.

Zona Roja

Explora la naturaleza cambiante de nuestro planeta y las fuerzas que le dan forma. El simulador de terremotos (en la **galería de los Volcanes y terremotos**), que recrea el terremoto de Kobe de 1995 en una tienda de alimentos, es un favorito, como lo es la **galería de los Orígenes,** que describe la historia de la Tierra.

En **Tesoros de la Tierra,** se muestran las riquezas minerales del planeta y su empleo en la vida cotidiana, desde joyas hasta material de construcción y electrónica

El acceso a la mayoría de las galerías aquí se produce a través del **Earth Hall** y una altísima escalera mecánica que desaparece en una enorme escultura metálica terrestre.

El **esqueleto fósil de un este-gosaurio,** el más intacto jamás hallado, se exhibe en la base.

Zona Naranja

El **Darwin Centre** es el alma viva del museo: aquí se guardan los millones de especímenes del museo y es donde trabajan sus científicos. Las dos plantas superiores de este edificio con forma de caparazón están dedicadas a explicar el tipo de investigación que lleva a cabo el museo.

Quienes deseen más información, pueden visitar el **estudio de Attenborough,** llamado así por el famoso naturalista y locutor David Attenborough. Los científicos del museo ofrecen charlas diarias y se proyectan películas a lo largo del día.

Wildlife Garden

Dada su gran extensión, esta porción de campo inglés en SW7 abarca distintos hábitats de las tierras bajas británicas, como una pradera con vallas, un árbol con un enjambre de abejas y una laguna. A finales de verano llegan las ovejas Dartmoor de cara gris. Hay también gallinetas, trogloditas y pinzones para el deleite de los ornitólogos.

Exposiciones

El museo alberga exposiciones regulares (se cobra entrada), algunas de manera recurrente. **Wildlife Photographer of the Year** (☺sep-oct; adultos/niños 13,50/8 £, familias 28-38 £), en su 50º año, exhibe imágenes deslumbrantes y la **Sensational Butterflies** (☺abr-sep; 5,85 £/persona, familias 19,80 £), una carpa en forma de túnel en el East Lawn repleto de mariposas, es un favorito del verano.

Tienda del museo

Además de las imprescindibles figuritas de dinosaurios y peluches de animales, la tienda del museo dispone de una enorme y brillante colección de libros infantiles sobre naturaleza, animales y, cómo no, dinosaurios.

Patinaje sobre hielo

De noviembre a enero, una parte del East Lawn se transforma en una concurrida pista de patinaje sobre hielo; incluye un puesto de bebidas calientes. Se aconseja reservar con antelación (www.ticketmaster.co.uk), visitar el museo y patinar después.

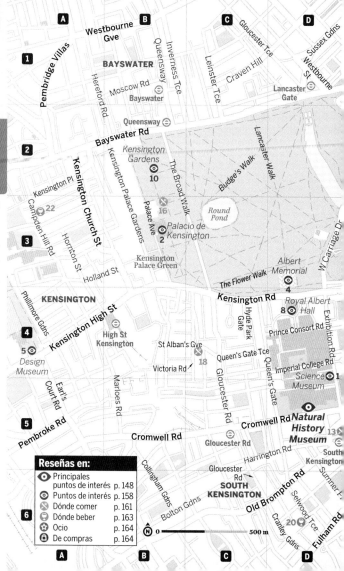

A
B
C
D

1

Westbourne Gve

Pembridge Villas

Queensway
Inverness Tce

BAYSWATER

Gloucester Tce

Sussex Gdns

Hereford Rd

Moscow Rd

Bayswater

Leinster Tce

Craven Hill

Westbourne St

Lancaster Gate

2

Queensway

Bayswater Rd

Kensington Pl

Campden Hill Rd

22

Kensington Church St

Kensington Palace Gardens

Kensington Gardens
10

The Broad Walk

Palace Ave

Budge's Walk

Lancaster Walk

Round Pond

W Carriage Dr

3

Hornton St

Holland St

16

Palacio de Kensington
2

Kensington Palace Green

Albert Memorial
4

The Flower Walk

4

Phillimore Gdns

KENSINGTON

Kensington High St

High St Kensington

St Alban's Gve

Kensington Rd

Hyde Park Gate

Royal Albert Hall
8

Prince Consort Rd

Exhibition Rd

5

5
Design Museum

Earl's Court Rd

Marloes Rd

Victoria Rd

18

Queen's Gate Tce

Gloucester Rd

Queen's Gate

Imperial College

Science Museum
1

Pembroke Rd

Cromwell Rd

Gloucester Rd

Natural History Museum
13

South Kensington

6

Collingham Gdns

Bolton Gdns

Harrington Rd

Gloucester Rd

SOUTH KENSINGTON

Old Brompton Rd

Selwood Tce

Summer F

Cranley Gdns

Fulham Rd

20

N 0 — 500 m

Reseñas en:

- ⊙ Principales puntos de interés p. 148
- ⊙ Puntos de interés p. 158
- ⊗ Dónde comer p. 161
- ⊖ Dónde beber p. 163
- ⊙ Ocio p. 164
- ⊡ De compras p. 164

E Hyde Park St
Connaught St
F Edgware Rd
Seymour St
Oxford St
G North Audley St
Duke St
H New Bond St
St

1

Marble Arch
Marble Arch 9

Brook St
Grosvenor St

Bayswater Rd

The Ring
North Ride

Speakers' Corner

Park St

Mount St

South Audley St

2

3
Hyde Park

Charles St

Curzon St

15

Park La

Hertford St

Piccadilly

Green Park

3

El Serpentine

Serpentine Rd

Apsley House
7

12 Wellington Arch

Rotten Row

S Carriage Dr
17
Knightsbridge

Hyde Park Corner

Buckingham Palace Gardens

Knightsbridge
19
26
Knightsbridge
KNIGHTSBRIDGE

Lowndes St

Grosvenor Pl

4

Victoria & Albert Museum

Ennismore Gdns
Rutland Gate

Brompton Rd
25

Sloane St

Belgrave Sq

Belgrave Pl

Eaton Pl

Hobart Pl

Grosvenor Gardens

Thurloe Pl
Thurloe St

Beauchamp Pl

Walton St

Cadogan Sq

Pont St

Eaton Sq
Eaton Sq
El Eaton Sq
Chester Sq

Victoria

5

Milner St

South Eaton Pl

Elizabeth St
21

Buckingham Palace Rd

6
Michelin House

Onslow Sq

Draycott Ave
Sloane Ave
24
Draycott Pl

King's Rd

Lower Sloane St

Eaton Tce

Sloane Sq

Estación de autobuses de Victoria

Warwick Way

6

CHELSEA

Astell St

Cale St
14

Elystan Pl

11 King's Road

Royal Hospital Rd

Pimlico Rd

Chelsea Bridge

Ebury Bridge Rd

Sydney St

E

23

F

G

H

Puntos de interés

Science Museum

MUSEO

1 ⊙ PLANO P. 156, D4

Con siete plantas de exposiciones interactivas y educativas, este museo científico fascinará a niños y adultos. Una eterna favorita es **Exploring Space**, una galería con cohetes y satélites auténticos y una réplica a tamaño natural del *Eagle*, el módulo lunar que llevó a Neil Armstrong y Buzz Aldrin a la Luna en 1969. La galería de al lado, **Making the Modern World,** es un festín visual de locomotoras, aviones, automóviles y otros inventos revolucionarios. (☎020-7942 4000; www.sciencemuseum.org.uk; Exhibition Rd, SW7; gratis; ⊙10.00-18.00; ⊖South Kensington)

Palacio de Kensington

PALACIO

2 ⊙ PLANO P. 156, B3

Construido en 1605, el palacio se convirtió en la residencia real favorita durante el reinado de Guillermo y María de Orange en 1689 hasta que Jorge III fue coronado y se trasladó. Hoy sigue siendo residencia real; los duques de Cambridge (Guillermo y Catalina) y los duques de Sussex (Enrique y Meghan) viven aquí. No obstante, gran parte del palacio está abierto al público, incluidos los apartamentos de Estado del rey y la reina. (www.hrp.org.uk/kensington-palace; Kensington Gardens, W8; adultos/niños 15,50 £/gratis (si se reserva en línea); ⊙10.00-16.00 nov-feb, hasta 18.00 mar-oct; ⊖High St Kensington)

Hyde Park

PARQUE

3 ⊙ PLANO P. 156, F2

Con 145 Ha, Hyde Park es el mayor espacio abierto del centro de Londres. Expropiado a la Iglesia en 1536 por Enrique VIII, se convirtió en coto de caza y después en lugar de duelos, ejecuciones y carreras de caballos. La Gran Exposición de 1851 tuvo lugar aquí y durante la II Guerra Mundial el parque se convirtió en un enorme patatal. Hoy acoge conciertos estivales (Bruce Springsteen, Florence and the Machine, Patti Smith), noches de cine, paseos en barca por el **Serpentine** y otras actividades veraniegas. (www.royalparks.org.uk/parks/hyde-park; ⊙5.00-24.00; ⊖Marble Arch, Hyde Park Corner, Queensway)

Albert Memorial

MONUMENTO

4 ⊙ PLANO P. 156, D3

Esta espléndida creación victoriana en el lado sur de los Kensington Gardens es tan ostentosa como el sujeto que le da nombre. El marido alemán de la reina Victoria, Alberto (1819-1861), era en teoría humilde e insistió en que no quería un monumento. En 1872, ignorando los deseos del buen príncipe, el Lord Mayor (alcalde) ordenó a George Gilbert Scott que construyera el monumento gótico victoriano de 53 m de altura. En 1876, se levantó la estatua dorada del príncipe (4,25 m de altura) y se rodeó de 187 figuras que representan los continentes (Asia, Europa, África y América), las artes, la industria y la ciencia. (☎circuitos 020-8969

Guardia de la Reina

La Caballería Real sale a las 10.28 (9.28 los domingos) de Hyde Park Barracks para hacer el cambio de guardia en una ceremonia, la Horse Guards Parade, que se remonta a 1660. Desfilan por Hyde Park Corner, Constitution Hill y The Mall. No se satura tanto como el cambio de guardia en el palacio de Buckingham, por lo que las vistas son mejores.

0104; Kensington Gardens; circuitos adultos/reducida 9/8 £; ☉circuitos 14.00 y 15.00 1er do de mes mar-dic; ⊖Knightsbridge, Gloucester Rd)

Design Museum   MUSEO

5 ◉ PLANO P. 156, A4

En el 2016, se trasladó de su antigua ubicación en el Támesis a un nuevo y sorprendente edificio de 83 millones de £ junto a Holland Park. Espléndidamente situado en el antiguo y restaurado Commonwealth Institute (inaugurado en 1962), el elegante interior, de roble y mármol liso, es en sí mismo un triunfo artístico. Con un programa variable de exposiciones, es una parada crucial para cualquier admirador de la estética moderna y contemporánea. (☎020-7940 8790; www.designmuseum.org; 224-238 Kensington High St, W8; gratis; ☉10.00-18.00, hasta 20.00 1er vi de mes; ⊖High St Kensington)

Michelin House   EDIFICIO HISTÓRICO

6 ◉ PLANO P. 156, E5

Construido para Michelin entre 1905 y 1911 por François Espinasse (y restaurado en 1985), combina *art nouveau* y *art déco*. La emblemática figura regordeta del muñeco de Michelin (Bibendum) aparece en la exquisita vidriera moderna, mientras que el vestíbulo está decorado con azulejos con motivos de coches de principios del s. xx. (81 Fulham Rd, SW3; ⊖South Kensington)

Apsley House   EDIFICIO HISTÓRICO

7 ◉ PLANO P. 156, H3

Esta casa, que contiene exposiciones sobre el duque de Wellington (derrotó a Napoleón Bonaparte en Waterloo), fue antaño el primer edificio que se veía al entrar a Londres por el oeste. Por eso se le conocía como el nº 1 de Londres. Llenan la **galería** del sótano los objetos de Wellington, incluida su máscara funeraria, y hay una colección de plata y porcelana, así como pinturas de Velázquez, Rubens, Van Dyck, Brueghel, Murillo y Goya, en la Waterloo Gallery de la 1ª planta. (☎020-7499 5676; www.english-heritage.org.uk/visit/places/apsley-house; 149 Piccadilly, Hyde Park Corner, W1; adultos/niños 9,30/5,60 £, con el Arco de Wellington 11,20/6,70 £; ☉11.00-17.00 mi-do

Speakers' Corner

Frecuentado por Karl Marx, Vladimir Lenin, George Orwell y William Morris, el **Speakers' Corner** (plano p. 156, F1; Park Lane; Marble Arch), en el lado nororiental de Hyde Park, es el lugar habitual para la destreza verbal y la oratoria improvisada. Cualquiera puede expresar su opinión los domingos, aunque lo hará acompañado, sobre todo, de marginados, fanáticos religiosos y espectadores molestos.

abr-oct, 10.00-16.00 sa y do nov-mar; Hyde Park Corner)

Royal Albert Hall EDIFICIO HISTÓRICO

8 PLANO P. 156, D4

En 1871, una parte de las ganancias de la Gran Exposición de 1851 organizada por el príncipe Alberto se destinó a la construcción de este enorme anfiteatro de ladrillo rojo adornado con un friso de azulejos Minton. Es la sala de conciertos más célebre de Gran Bretaña y sede de los conciertos Proms, patrocinados por la BBC y celebrados en verano. Para conocer la intrigante historia y conexiones reales, o para mirar al exterior desde la galería, se puede reservar un circuito educativo de 1 h o **'grand tour'** (020-7589 8212; adultos/niños 14/7 £; cada hora 9.30-16.30). (0845 401 5034, taquilla 020-7589 8212; www.royalalberthall. com; Kensington Gore, SW7; circuitos 10,75-16,75 £; South Kensington)

Marble Arch MONUMENTO

9 PLANO P. 156, F1

Diseñado por John Nash en 1828, este enorme arco blanco se tras-

ladó aquí desde su lugar original frente al palacio de Buckingham en 1851, cuando se le adjudicó también una entrada a la mansión real. Si uno se siente anárquico, puede caminar a través del portal central, un privilegio reservado por la ley (no cumplida) para la familia real y la ceremonia King's Troop Royal Horse Artillery. (Marble Arch)

Kensington Gardens PARQUE

10 PLANO P. 156, B2

Espléndida y pintoresca, esta extensión de 107 Ha al oeste de Hyde Park combina un cuidado césped con estanques y avenidas sombreadas por árboles. Técnicamente, forma parte del palacio de Kensington, ubicado en el extremo oeste de los jardines. Se puede pasear alrededor del **Round Pond** y también contemplar las hermosas fuentes de los **Italian Gardens** (Kensington Gardens; Lancaster Gate), posible regalo de Alberto a la reina Victoria; hoy albergan un nuevo y práctico café. (0300 061 2000; www.royalparks.org.uk/parks/ kensington-gardens; 6.00-anochecer; Queensway, Lancaster Gate)

King's Road

CALLE

11 PLANO P. 156, F6

En la vanguardia contracultural de la moda londinense durante los años tecnicolor de la década de 1960 y los anárquicos setenta (James Bond, el espía inventado de Ian Fleming, tenía un piso en una plaza contigua), hoy es más un territorio de compras para la clase privilegiada. Abundan las Bang & Olufsen y Kurt Geiger, entre otras tiendas especializadas; hasta los perros son delgados y visten con elegancia. (Sloane Sq)

Arco de Wellington

MUSEO

12 PLANO P. 156, H3

Este imponente arco neoclásico de 1826 que domina el espacio verde de la glorieta de Hyde Park Corner estaba frente a la Hyde Park Screen pero se trasladó aquí en 1882 para ampliar la calle. Fue comisaría de policía y hoy es una galería con exposiciones temporales y una muestra permanente sobre la historia del arco. Los balcones (a los que se sube en ascensor) ofrecen vistas inolvidables de Hyde Park, el palacio de Buckingham y el Mall. (www.english-heritage.org.uk/visit/places/wellington-arch; Hyde Park Corner, W1; adultos/niños 5/3 £, con Apsley House 11,20/6,70 £; 10.00-18.00 abr-sep, hasta 16.00 nov-mar; Hyde Park Corner)

Dónde comer

Comptoir Libanais

LIBANESA £

13 PLANO P. 156, D5

Si el apetito acecha tras la visita a los museos de South Kensington,

Royal Albert Hall.

este atractivo y animado restaurante a la vuelta de la esquina de la estación de metro sirve *meze* libanés, rollitos, *tagine* (cazuelas cocidas a fuego lento), *mana'esh* (pan plano), ensaladas y desayunos exquisitos. No hay reservas; se acude sin más. (📞020-7225 5006; www.comptoirlibanais.com; 1-5 Exhibition Rd, SW7; principales desde 8,50 £; 🕑8.30-24.00 lu-sa, hasta 22.30 do; 🥄; 🚇South Kensington)

Tom's Kitchen EUROPEA MODERNA ££

14 🍽 PLANO P. 156, E6

La receta del éxito: personal relajado y sonriente, decoración luminosa y comida magnífica. Eso es Tom's Kitchen. Clásicos como filetes a la parrilla, hamburguesas, panceta de cerdo y pollo empanado se cocinan a la perfección, y los platos de temporada como el ricotta casero o los escalopes salteados son sublimes. (📞020-7349 0202; www.tomskitchen.co.uk/chelsea; 27 Cale St, SW3; principales 16-28 £; 🕑8.00-14.30 y 18.00-22.30 lu-vi, 9.30-15.30 y 18.00-22.30 sa, hasta 21.30 do; 🛜🥄; 🚇South Kensington)

Magazine INTERNACIONAL ££

15 🍽 PLANO P. 156, E2

Sito en la elegante ampliación de la **Serpentine Sackler Gallery** (📞020-7402 6075; www.serpentinegalleries.org; gratis; 🕑10.00-18.00 ma-do), Magazine no es un café de museo cualquiera. La comida es tan contemporánea y elegante como el edificio y las obras de arte de las exposiciones añaden otra

dimensión. El té de la tarde (25 £, con un cóctel) es especialmente original: trucha marina curada con ginebra, yogur de leche de cabra y sorbete de coco. (📞020-7298 7552; www.chucsrestaurants.com/serpentine; West Carriage Dr, W2; principales 13-24 £, menú almuerzo 2/3 platos 17,50/21,50 £; 🕑9.00-18.00 ma-sa; 🛜; 🚇Lancaster Gate, Knightsbridge)

Orangery CAFÉ ££

16 🍽 PLANO P. 156, B3

En un invernadero del s. XVIII, en los terrenos del palacio de Kensington (p. 158), es ideal para un desayuno tardío o un almuerzo, aunque lo que más destaca es el té de la tarde. Hay que reservar con antelación para una mesa en la bonita terraza. (📞020-3166 6113; https://kensingtonpalacepavilion.co.uk; palacio de Kensington, Kensington Gardens, W8; principales 12,50-16,50 £, té de la tarde 27,50 £; 🕑10.00-17.00; 🥄; 🚇Queensway, High St Kensington)

Dinner by Heston Blumenthal BRITÁNICA MODERNA £££

17 🍽 PLANO P. 156, F3

El suntuoso Dinner transporta al comensal por la historia culinaria británica (con creativas inflexiones modernas). Los platos llevan fechas históricas para aportar contexto y el interior del restaurante es una proeza del diseño: desde la cocina con paredes de vidrio y su mecanismo de reloj en el techo hasta los ventanales que dan al parque. Conviene reservar. (📞020-7201 3833; www.dinnerbyhes

ton.com; Mandarin Oriental Hyde Park, 66 Knightsbridge, SW1; menú almuerzo 3 platos 45 £, principales 30-49 £; ⏱12.00-14.00 y 18.00-22.15 lu-vi, 12.00-14.30 y 18.00-22.30 sa y do; 🛜; ⊖Knightsbridge)

Launceston Place
BRITÁNICA MODERNA £££

18 🍴 PLANO P. 156, C4

Espléndido y distinguido, con una estrella Michelin, se ubica en un recóndito, casi anónimo enclave de una pintoresca calle con casas eduardianas, en Kensington. Obra del chef londinense Ben Murphy, los platos procuran placeres gastronómicos del más alto nivel y se acompañan de una distinguida carta de vinos. Los más aventureros pueden optar por el menú de degustación de seis platos (75 £, versión vegetariana disponible) o la versión 'reducida' de cinco platos (49 £). (📞020-7937 6912; www.launcestonplace-restaurant.co.uk; 1a Launceston Pl, W8; menú almuerzo 2/3 platos 25/30 £, cena 3 platos 30-60 £; ⏱12.00-14.30 mi-sa, hasta 15.30 do, 18.00-22.00 ma-sa, 18.30-21.00 do; 🛜; ⊖Gloucester Rd, High St Kensington)

Dónde beber

Buddha Bar
BAR

19 🍺 PLANO P. 156, F4

Tras un agotador día de compras en Knightsbridge, este local apacible y seductor ofrece un mundo oriental decorado con jaulas de pájaros iluminadas, luz tenue y rincones y cuartos escondidos. Es ideal para degustar un Singapore Sling y relajarse. El restaurante inferior, también oriental, sirve especialidades panasiáticas. (📞020-3667 5222; www.buddhabar london.com; 145 Knightsbridge, SW1; cócteles desde 15 £; ⏱17.00-24.00 lu-vi, 12.00-24.00 sa, hasta 23.30 do; 🛜; ⊖Knightsbridge)

Anglesea Arms
PUB

20 🍺 PLANO P. 156, D6

Curtido por la edad y por décadas de clientes cerveceros (como Charles Dickens, que vivía en la misma calle, y D. H. Lawrence), este *pub* de la vieja escuela rezuma personalidad. Cuenta con una buena selección de cervezas y, en los meses más cálidos, la terraza se abarrota de clientes. El notorio criminal Bruce Reynolds planeó el gran asalto al tren postal en este local. (📞020-7373 7960; www. angleseaarms.com; 15 Selwood Tce, SW7; ⏱11.00-23.00 lu-sa, 12.00-22.30 do; ⊖South Kensington)

Tomtom Coffee House
CAFÉ

21 🍺 PLANO P. 156, H5

Tomtom se ha granjeado una reputación por su increíble café: no solo presentan las bebidas de forma fabulosa, además tienen una selección abrumadora, desde los habituales cafés a base de *espresso* hasta los de filtro y una gran variedad de granos. También se pueden animar con un dedo de coñac o *whisky* (£3). (📞020-7730 1771; www.tomtomcoffee.co.uk/ coffee-house; 114 Ebury St, SW1;

⊙8.00-17.00 lu-vi, 9.00-18.00 sa y do;
🔊; ⊖Victoria)

Windsor Castle · PUB

22 🚇 PLANO P. 156, A3

Esta taberna clásica en lo alto de Campden Hill Rd tiene historia, rincones y encanto. Vale la pena explorar su interior histórico y compartimentado, su fuego (en invierno), su cervecería al aire libre (en verano) y sus afables parroquianos (casi siempre). Según la leyenda, los huesos de Thomas Paine (autor de *Los derechos del hombre*) están en la bodega. (www.thewindsorcastlekensington.co.uk; 114 Campden Hill Rd, W11; ⊙12.00-23.00 lu-sa, hasta 22.30 do; 🔊; ⊖Notting Hill Gate)

Ocio

Royal Albert Hall · SALA DE CONCIERTOS

Esta espléndida sala de conciertos victoriana (véase 8 ⊙ plano p. 156, D4) acoge música clásica, *rock* y otras representaciones, además del ciclo de conciertos Proms, patrocinados por la BBC. Se puede reservar, pero el público de los Proms también hace cola para conseguir entradas de pie de 5 £, a la venta 1 h antes de levantarse el telón. La taquilla y el mostrador de recogida de entradas de prepago están en la puerta 12 (lado sur). (📞0845 401 5034; www.royalalberthall.com; Kensington Gore, SW7; ⊖South Kensington)

606 Club · BLUES, JAZZ

23 ⭐ PLANO P. 156, F6

Con el nombre de su antigua dirección en King's Rd, que hechizó a los amantes del *jazz* de todo Londres en los años ochenta, este fantástico y escondido club de *jazz* y restaurante subterráneo cede el protagonismo cada noche a jazzistas contemporáneos instalados en el país. El club solo puede servir alcohol a los no socios que estén cenando y se aconseja reservar mesa. (📞020-7352 5953; www.606club.co.uk; 90 Lots Rd, SW10; ⊙19.00-23.15 do-ju, 20.00-24.30 vi y sa; 🚉Imperial Wharf)

De compras

John Sandoe Books · LIBRERÍA

24 🔒 PLANO P. 156, F6

El antídoto perfecto para las grandes e impersonales librerías, esta cautivadora tienda de tres pisos en un local del s. XVIII es un tesoro de joyas literarias y sorpresas ocultas. Con seis décadas de recorrido, tiene una fiel e incondicional clientela y unos vendedores bien informados, dotados de valiosas recomendaciones y consejos útiles. (📞020-7589 9473; www.johnsandoe.com; 10 Blacklands Tce, SW3; ⊙9.30-18.30 lu-sa, 11.00-17.00 do; ⊖Sloane Sq)

Harrods
GRANDES ALMACENES

25 🔒 PLANO P. 156, F4

Llamativo, elegante y eternamente abarrotado, Harrods es parada obligada para los visitantes, sea cual sea su presupuesto. La oferta es asombrosa, al igual que los precios. El "ascensor egipcio", muy *kitsch,* parece salido de una película de Indiana Jones, mientras que la fuente en recuerdo a Dodi y Di (planta baja inferior) da un toque surrealista. (📞020-7730 1234; www. harrods.com; 87-135 Brompton Rd, SW1; 🕐10.00-21.00 lu-sa, 11.30-18.00 do; 🚇Knightsbridge)

Harvey Nichols
GRANDES ALMACENES

26 🔒 PLANO P. 156, F3

En el templo de la alta costura de Londres, se encuentran bolsos de Chloé y Balenciaga, los mejores artículos *denim* de la ciudad, un enorme salón de maquillaje con líneas de productos exclusivas y una excelente joyería. La sección de alimentación y el restaurante del hotel, el **Fifth Floor,** están en la 5ª planta. (www.harveynichols. com; 109-125 Knightsbridge, SW1; 🕐10.00-20.00 lu-sa, 11.30-18.00 do; 🚇Knightsbridge)

Circuito a pie 🥾

Un sábado en Notting Hill

El mejor día para visitar Notting Hill es el sábado, cuando el barrio está más animado. El mercado de Portobello rebosa de color y en la zona abundan excelentes restaurantes, pubs, tiendas y cines, lo que convierte el día en todo un acontecimiento que incluye paseos por el mercado, experiencias culinarias, vino y cerveza, y la oportunidad de ver una película en un cine clásico.

Cómo llegar

🚇 La estación Notting Hill Gate está en las líneas Circle, District y Central.

🚇 La estación Ladbroke Grove (líneas Hammersmith & City y Circle) también es práctica.

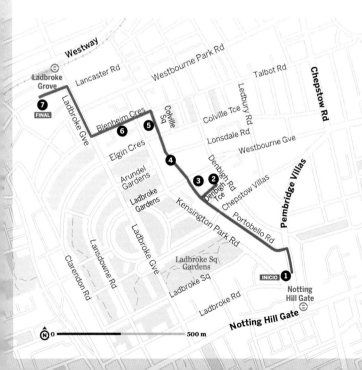

❶ Abastecerse de tentempiés

Imposible no ver el trozo de Fiat 500 que tiene en el escaparate **Arancina** (www.arancina.co.uk; principales 3-23,50 £; 🕒8.00-23.00 lu-sa, 9.00-23.00 do), un lugar práctico cerca de la estación de metro Notting Hill Gate y de camino al mercado de Portobello. Sirve *arancini* y porciones de *pizza* recién horneada.

❷ Un toque de color

Hay que ir a **Denbigh Terrace,** una bonita calle en cuyo lado sur se alinean adosados de vivos colores perfectos para una foto, sobre todo cuando brilla el sol.

❸ Earl of Lonsdale

El **Earl of Lonsdale** (🕒12.00-23.00 lu-vi, 10.00-23.00 sa, 12.00-22.30 do) es tranquilo, con una mezcla de viejecitas y jóvenes modernos en sus salitas. Hay cervezas Samuel Smith y un salón con sofás, banquetas y chimeneas, así como una terraza sombreada por un árbol enorme.

❹ Explorar el mercado

Hay que pasear por Portobello Rd hasta llegar al **mercado de Portobello Road** (www.portobellomarket. org; 🕒8.00-18.30 lu-mi, vi y sa, hasta 13.00 ju). El mercado aúna puestos callejeros de comida con frutas y verduras, antigüedades, moda y baratijas de todo tipo.

❺ Ver una película (y cenar una hamburguesa)

De vuelta en Portobello Rd está el exclusivo **Electric Cinema** (www.electriccinema.co.uk; entradas 8-22,50 £), uno de los cines más antiguos del Reino Unido, con lujosas butacas de cuero, reposapiés e incluso camas dobles en la primera fila. Tras los créditos, se puede ir al lindante **Honest Burgers** (www.honestburgers.co.uk; principales desde 8,50 £; 🕒11.30-23.00 lu-sa, hasta 22.00 do, *brunch* 9.30-13.00 sa y do; 📶), que sirve bocados excelentes.

❻ Blenheim Crescent

Si se gira a la izquierda por Blenheim Cres, se pasa por una serie de tiendas exquisitas: especias y hierbas a mansalva en **Spice Shop** (www.thespiceshop.co.uk), vidrios llamativos en **Ceramica Blue** (www.ceramicablue.co.uk; 🕒10.00-18.30 lu-sa, 12.00-17.00 do) y **Notting Hill Bookshop** (www.thenottinghillbookshop.co.uk; 🕒9.00-19.00 lu-sa, 10.00-18.00 do), la librería que inspiró la escena del encuentro de Hugh Grant y Julia Roberts en la película *Notting Hill*.

❼ Visitar un museo

Siguiendo por Portobello Rd, hay que girar a la izquierda hasta el singular **Museum of Brands, Packaging & Advertising** (www.museumofbrands.com; adultos/niños 9/5 £; 🕒10.00-18.00 lu-sa, 11.00-17.00 do), que repasa la historia de la cultura de consumo. Divierte tanto a niños como a padres y abuelos nostálgicos con sus paquetes antiguos y sus productos emblemáticos de antaño.

Explorar

Regent's Park y Camden

Regent's Park, el mercado de Camden y Hampstead Heath deberían encabezar la lista de excursiones por el norte de Londres. Camden es uno de los principales atractivos y contagia su energía y su vida nocturna, mientras que Regent's Park es un oasis de calma y sofisticación en pleno bullicio del norte londinense. Por su parte, Hampstead Heath (p. 180) permite disfrutar de un día al aire libre y ver cómo pasan el fin de semana los lugareños.

Se empieza con una excursión matutina a Regent's Park (p. 174) y el fascinante ZSL London Zoo (p. 174). En Camden Town, se puede elegir entre los eclécticos tentempiés del mercado de Camden (p. 174). Se curiosea más por los mercados antes de premiarse con un helado de Chin Chin Labs (p. 176) o sentarse en la terraza del Edinboro Castle (p. 177) para una bebida vespertina. Se recomienda cenar las delicias indias de Namaaste Kitchen (p. 177) o hacerse con unos fish and chips en Hook Camden Town (p. 176). El resto de la noche es sencillo e ideal para noctámbulos: Camden tiene pubs fabulosos y locales con música en directo para todos los gustos.

Cómo llegar y desplazarse

⊖ Para Regent's Park, la estación más práctica es Baker St (en las líneas Jubilee, Metropolitan, Circle, Hammersmith & City y Bakerloo).Las mejores estaciones para Camden son Camden Town y Chalk Farm, en la línea Northern. Hampstead también está en esa línea.

Véase el plano en p. 172.

Tiendas en Camden High St. VALDIS SKUDRE/SHUTTERSTOCK ©

Circuito a pie 🥾

Lo más destacado del norte de Londres

Parte del encanto del norte de Londres consiste en pasear por parques, canales y mercados. Este itinerario incluye algunos de sus lugares más evocadores, así como los más conocidos. Si se puede, conviene quedarse hasta la noche para disfrutar de la música en directo de Camden.

Datos

Inicio Madame Tussauds; 🚇 Baker St

Final Lock Tavern; 🚇 Chalk Farm

Distancia 3,8 km; 2½ h

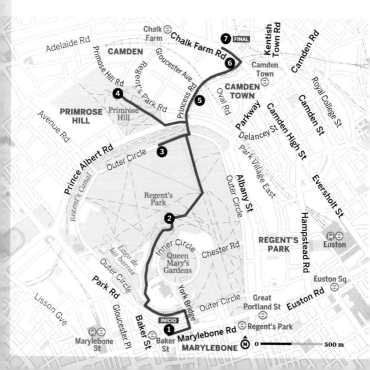

❶ Madame Tussauds

Museo de cera (p. 174) repleto de personalidades de ayer y hoy a las que admirar: desde políticos a deportistas, actores, cantantes y personajes de película.

❷ Regent's Park

Se baja por Marylebone Rd y se gira a la izquierda en York Gate hasta Regent's Park (p. 174). Se sigue la orilla del **lago de las barcas** para contemplar los enclaves más pintorescos y después se cruza hacia el **Broadwalk,** avenida principal del parque.

❸ Zoo de Londres

Hay que visitar el célebre zoo de Londres (p. 174), cuyos recintos intentan imitar al máximo los hábitats originales de los animales. Destacan Penguin Beach, Tiger Territory, Butterfly Paradise, Gorilla Kingdom y Land of the Lions.

❹ Vistas desde Primrose Hill

Se cruza Regent's Canal y se continúa hasta lo alto de Primrose Hill (p. 175) para disfrutar unas vistas fabulosas de la silueta de Londres.

❺ Regent's Canal

Desde Primrose Hill se baja al pintoresco sendero que discurre junto al Regent's Canal para pasear rumbo a Camden. Se pasa por estrechas barcazas residenciales y antiguos almacenes convertidos en pisos modernos. Al llegar a Camden Lock y su mercado, se abandona el camino.

❻ Mercado de Camden

Se pueden curiosear los puestos de bolsos, ropa, joyas, arte y artesanía del popular mercado de Camden. Hay tres zonas de mercado principales, pero todas venden más o menos lo mismo. El mercado de Camden Lock (p. 179) es el original, pero en el mercado de Stables (p. 179) se puede rebuscar más.

❼ Bebida reconfortante

Se puede terminar con una bebida bien merecida en la Lock Tavern (p. 177). Se debe consultar la programación del *pub,* pues a menudo hay bandas y DJ por la noche.

✖ Una pausa

El mercado de Camden (p. 174) está repleto de puestos de comida para llevar con un despliegue asombroso de cocinas del mundo: creps franceses, comida china, asados argentinos, *sushi*... Los golosos no pueden perderse **Chin Chin Labs** (p. 176) y sus helados con nitrógeno líquido.

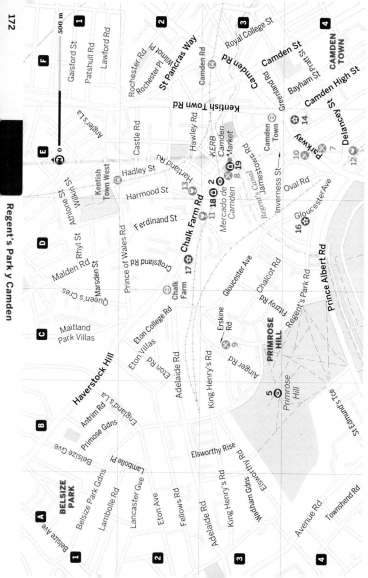

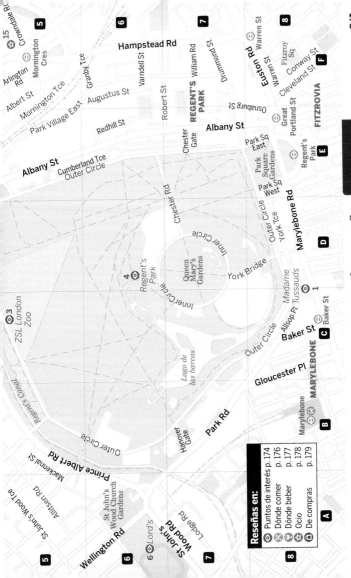

Regent's Park y Camden

Mapa de calles

- Hampstead Rd
- Crowndale Rd **5**
- Arlington Rd
- Mornington Cres
- Albert St
- Mornington Tce
- Park Village East
- Augustus St
- Granby Tce
- Varndell St
- **6**
- Redhill St
- Robert St
- Chester Gate
- **7**
- REGENT'S PARK
- William Rd
- Drummond St
- Euston Rd
- Warren St
- Warren St
- Fitzroy Sq
- Conway St
- Cleveland St
- **F**
- **8**
- Osnaburg St
- Great Portland St
- FITZROVIA
- Albany St
- Albany St
- Cumberland Tce
- Outer Circle
- Park Sq East
- Park Square Gardens
- Park Sq West
- Regent's Park
- **E**
- Chester Rd
- Outer Circle
- York Tce
- Marylebone Rd
- **D**
- Inner Circle
- Regent's Park
- **4**
- Queen Mary's Gardens
- York Bridge
- Madame Tussauds
- **1**
- Allsop Pl
- Baker St
- ZSL London Zoo
- **3**
- Inner Circle
- Lago de las barcas
- Outer Circle
- Baker St
- **C**
- MARYLEBONE
- Gloucester Pl
- Regent's Canal
- Hanover Gate
- Park Rd
- Marylebone
- **B**
- MacKennal St
- Prince Albert Rd
- Outer Circle
- St John's Wood Tce
- Allitsen Rd
- St John's Wood Church Gardens
- Lord's
- **6**
- St John's Wood Rd
- Lodge Rd
- Wellington Rd
- **7**
- **A**
- **5**
- **8**

Reseñas en:

⊙ Puntos de interés	p. 174
⊗ Dónde comer	p. 176
⊗ Dónde beber	p. 177
⊗ Ocio	p. 178
⊙ De compras	p. 179

Puntos de interés

Madame Tussauds MUSEO

1 ⊙ PLANO P. 172, C8

Aunque sea hortera y caro, Madame Tussauds ofrece un día de diversión y la posibilidad de fotografiarse con un famoso de ensueño como Audrey Hepburn o algún miembro de la familia real. Las entradas son mucho más baratas en internet; hay que consultar la web para los horarios. (☎0870 400 3000; www.madame-tussauds.com/london; Marylebone Rd, NW1; adultos/niños 4-15 años 35/30 £; ⊙10.00-18.00; ⊖Baker St)

Mercado de Camden MERCADO

2 ⊙ PLANO P. 172, E3

Atrae a millones de visitantes cada año y es una de las atracciones más populares de Londres. Lo que comenzó como una colección de atractivos puestos de artesanía junto al Camden Lock en Regent's Canal ahora abarca desde la estación de metro Camden Town hasta la de Chalk Farm. (www.camdenmarket.com; Camden High St, NW1; ⊙10.00-18.00; ⊖Camden Town, Chalk Farm)

ZSL London Zoo ZOOLÓGICO

3 ⊙ PLANO P. 172, C5

Este jardín zoológico fundado en 1828 es de los más antiguos del mundo. Centrado en la conservación, educación y cría, hoy alberga menos especies pero con más espacio. Destacan **Land of the Lions, Gorilla Kingdom, Tiger Territory, In with the Lemurs** (se camina entre ellos) y **Butterfly Paradise.** Durante todo el día, ofrecen charlas y se puede ver cómo alimentan a los animales. (www.zsl.org/zsl-london-zoo; Outer Circle, Regent's Park, NW1; adultos/niños 29,75/22 £; ⊙10.00-18.00 abr-sep, hasta 17.30 mar y oct, hasta 16.00 nov-feb; ⊞; ☒274)

Regent's Park PARQUE

4 ⊙ PLANO P. 172, D6

El más elaborado y formal de los parques de Londres es una de las zonas verdes con más encanto de la capital. Entre sus muchos atractivos están el zoo de Londres, **Regent's Canal,** un

Barrios del norte de Londres

El norte de Londres es un conjunto de pequeños barrios: antiguos pueblos que han sido engullidos lentamente con la expansión de la metrópoli. Se trata de una zona muy verde, en la que se ubican algunos de los mejores parques de la ciudad. En la mitad norte de esta área, los lugares de interés están diseminados y se necesita energía para recorrer las colinas de Hampstead y sus alrededores. El paseo por el Regent's Canal une Regent's Park, Camden y King's Cross.

Mercado de Camden Lock (p. 179)

lago ornamental y campos de deportes donde los londinenses juegan al fútbol, al *rugby* y al voleibol. Son especialmente bonitos los **Queen Mary's Gardens**, hacia el sur del parque, sobre todo en junio, cuando florecen las rosas. Hay **teatro al aire libre** (📞0844 826 4242; www.openairtheatre.com; Queen Mary's Gardens, Regent's Park, NW1; 🕙may-sep; 👪; 🚇Baker St) en verano. (www.royalparks.org.uk; 🕙5.00-anochecer; 🚇Regent's Park, Baker St)

Primrose Hill　　PARQUE

5 ⊙ PLANO P. 172, B3

Los fines de semana estivales el parque de Primrose Hill se llena de lugareños que comen al aire libre y disfrutan de las vistas de la ciudad. Es precioso para pasear con calma

o comer un bocadillo al aire libre. (🚇Chalk Farm).

Lord's　　ESTADIO

6 ⊙ PLANO P. 172, A6

La "cuna del críquet" es visita obligada para cualquier devoto de este juego tan inglés. Conviene reservar entradas para los partidos internacionales, pero los apasionados del críquet deberían realizar el circuito de 100 min que recorre el campo y las instalaciones al ritmo de interesantes anécdotas (se requiere reservar en línea). Las visitas incluyen la famosa Long Room, donde los socios ven los partidos rodeados de los retratos de los mejores del críquet, y un museo con magníficos recuerdos que atraen a fans antiguos y nuevos. (📞020-7616 8500; www.lords.

Un paseo por Regent's Canal

Los canales, antes vitales para la capital, se han convertido en una de las escapadas favoritas de los londinenses, que pueden pasear tranquilos lejos del tráfico y las multitudes. El recorrido desde Little Venice a Camden dura menos de una hora y pasa por Regent's Park, el zoo de Londres, Primrose Hill, unas hermosas villas diseñadas por el arquitecto John Nash y unos antiguos edificios industriales reconvertidos en modernos bloques de pisos. Se tarda de 15 a 20 min en ir de Camden a Regent's Park y de 25 a 30 min de Regent's Park a Little Venice. Por el camino hay muchas salidas y letreros.

org; St John's Wood Rd, NW8; circuitos adultos/niños 20/12 £; ⏰4-6 circuitos diarios; 🚇St John's Wood)

Dónde comer

Hook Camden Town

FISH AND CHIPS £

7 ❌ PLANO P. 172, E4

Solo trabajan con proveedores locales y pequeñas pesquerías sostenibles, además de elaborar todas sus salsas *in situ* y envolver el pescado en papel reciclado. El resultado son unos bocados exquisitos. El pescado, 100% fresco, se sirve rebozado con *panko* o tempura, junto con *chips* de algas saladas. Hay cervezas artesanales y buenos vinos. (www.hookrestaurants.com; 65 Parkway, NW1; principales 8-12 £; ⏰12.00-15.00 y 17.00-22.00 lu-ju, 12.00-22.30 vi y sa, hasta 21.00 do; 👬; 🚇Camden Town)

Chin Chin Labs

HELADERÍA £

8 ❌ PLANO P. 172, E3

Es el culmen de la química gastronómica. Los chefs preparan la mezcla de helado deseada y la congelan al instante añadiéndole nitrógeno líquido. Los sabores cambian según la estación (del panecillo de Cuaresma especiado al coco a la fruta de la pasión). Las salsas e ingredientes para añadir son igual de ocurrentes. El sándwich de helado es una delicia: una porción de helado dentro de sabrosos *brownies* o galletas. (https://chinchinicecream.com; 49-50 Camden Lock Pl, NW1; helado 4-5 £; ⏰12.00-19.00; 🚇Camden Town)

Manna

VEGETARIANA ££

9 ❌ PLANO P. 172, C3

Este exclusivo local escondido en una calle secundaria sirve comida vegana y vegetariana. La carta ofrece platos bien presentados que hacen la boca agua. Fusionan la cocina californiana, mexicana y asiática, con guiños a los crudívoros. La tarta de queso del día es siempre un éxito. (📞020-7722 8028; www.mannav.com; 4 Erskine Rd, NW3; principales 8-15 £; ⏰12.00-15.00

y 18.30-22.00 ma-sa, 12.00-19.30 do; 🖋; ⊖Chalk Farm)

Namaaste Kitchen INDIA ££

10 ✖ PLANO P. 172, E4

Aunque todo es de gran calidad, hay que probar el plato degustación de kebab: la carne y pescado recién salidos de la parrilla son muy tiernos y sabrosísimos. El estupendo cesto de pan incluye el especiado *missi roti*. (✆020-7485 5977; www.namaastekitchen.co.uk; 64 Parkway, NW1; principales 10,50-19 £; ⊙12.00-15.00 y 17.30-23.00 lu-vi, 12.00-23.00 sa y do; 🖋; ⊖Camden Town)

Dónde beber

Proud Camden BAR

11 🍷 PLANO P. 172, D3

Proud ocupa un antiguo hospital de caballos dentro del mercado de Stables y tiene reservados en los antiguos establos, fantásticas obras de arte en las paredes (la sala principal es una galería durante el día) y una peculiar terraza con jardín y *jacuzzi*. Es también uno de los mejores locales musicales de Camden y casi todas las noches hay música en directo y DJ (entrada 0-15 £). (www.proudcamden.com; mercado de Stables, Chalk Farm Rd, NW1; ⊙11.00-1.30 lu-sa, hasta 24.00 do; ⊖Chalk Farm)

Edinboro Castle PUB

12 🍷 PLANO P. 172, E4

Amplio y tranquilo, tiene un ambiente refinado, unos muebles preciosos y cómodos, un bar magnífico y una carta completa. No obstante, el punto fuerte es la terraza, dotada de barbacoa y luces de colores para las largas noches de verano. Las estufas para exterior se sacan en invierno. (www.edinborocastlepub.co.uk; 57 Mornington Tce, NW1; ⊙12.00-23.00 lu-sa, 12.00-22.30 do; 🛜; ⊖Camden Town)

Lock Tavern PUB

13 🍷 PLANO P. 172, E2

La negra Lock Tavern, una institución de Camden, tiene éxito por su acogedor interior, el jardín trasero y la magnífica azotea que permite ver al gentío en el mercado. Hay cerveza en abundancia, y los fines

Tentempiés en el mercado de Camden

Hay docenas de puestos de comida en el mercado de Camden Lock, gentileza del colectivo **KERB** (plano p. 172, E3; www.kerbfood.com; mercado de Camden Lock; principales 6-8 £; ⊙12.00-17.00; 🖋; ⊖Camden Town), y en el mercado de Stables (p. 179), con casi todos los tipos de cocina, ya sea francesa, argentina, japonesa o caribeña. La calidad varía pero suele ser bastante buena y asequible, y se puede comer en las grandes mesas comunes o junto al canal.

Sonidos del norte de Londres

Del norte de Londres proceden el *rock indie* y muchas bandas famosas, que se iniciaron tocando en los bares cutres de esta zona. Todas las noches de la semana se ofrece música en directo de algún tipo. Algunos locales son polivalentes, con conciertos a primera hora de la tarde (19.00-20.00) y sesiones de club nocturnas que comienzan sobre las 24.00.

de semana actúan bandas y DJ. El ambiente incita al baile y la entrada es gratis. (www.lock-tavern.com; 35 Chalk Farm Rd, NW1; ⏰12.00-24.00 lu-ju, hasta 1.00 vi y sa, hasta 23.00 do; Ⓣ Chalk Farm)

Ocio

Jazz Cafe
MÚSICA EN DIRECTO

14 ⭐ PLANO P. 172, E4

Aunque por el nombre pueda parecer que el ingrediente principal es el *jazz*, este es solo una pequeña parte del menú. Ofrece también *funk, hip hop,* R&B, soul y ritmos raros, así como conciertos importantes. La noche de los sábados es noche de soul, con dos actuaciones en directo por parte de la banda del lugar. (📞020-7485 6834; www.thejazzcafelondon.com; 5 Parkway, NW1; ☺espectáculo en directo desde 19.00, discoteca 22.00-3.00; Ⓣ Camden Town)

KOKO
MÚSICA EN DIRECTO

15 ⭐ PLANO P. 172, F5

Antaño fue el legendario Camden Palace, donde actuaron Charlie Chaplin, los Goons y los Sex Pistols, y donde Prince ofrecía conciertos sorpresa. Hoy, conserva su reputación como una de las mejores salas londinenses. El teatro tiene sala de baile y palcos a la antigua y los viernes atrae a un público *indie* con su Club NME. Casi todas las noches tocan bandas en directo y los sábados se convierte en un popular club de baile. (www.koko.uk.com; 1st Camden High St, NW1; Ⓣ Mornington Cres)

Cecil Sharp House
MÚSICA TRADICIONAL

16 ⭐ PLANO P. 172, D4

Lugar ideal para quien siempre quiso zapatear con zuecos, agitar pañuelos o tocar campanas. Es la sede de la English Folk Dance and Song Society y mantiene vivas todo tipo de tradiciones folclóricas disparatadas, además de ofrecer actuaciones y clases en su Kennedy Hall cubierto de murales. Las clases de baile son divertidas y no hace falta experiencia. (www.cecilsharphouse.org; 2 Regent's Park Rd, NW1; Ⓣ Camden Town)

Roundhouse
SALA DE CONCIERTOS

17 ⭐ PLANO P. 172, D2

Construido en 1847 como hangar de reparación ferroviario, este inusual edificio redondo se convirtió en un centro de arte en la década de 1960, y en él tocaron bandas legendarias antes de quedar prácticamente abandonado en 1983. Su resurrección en el s. XXI como centro creativo ha sido un gran éxito y ahora ofrece todo tipo de conciertos, danza, circo, monólogos humorísticos, poesía e improvisación. (www.roundhouse. org.uk; Chalk Farm Rd, NW1; ⊖Chalk Farm)

De compras

Mercado de Stables   MERCADO

18 🔒 PLANO P. 172, E3

Conectado con el mercado de Lock, el mercado de Stables es la mejor parte del mercado de Camden, con antigüedades, objetos asiáticos, alfombras, muebles retro y ropa. Como su nombre indica, fue un conjunto de establos, además de un hospital ecuestre, que albergó hasta 800 caballos. (www.camdenmarket.com; Chalk Farm Rd, NW1; ⊙10.00-18.00; ⊖Chalk Farm)

Mercado de Camden Lock   MERCADO

19 🔒 PLANO P. 172, E3

Este es el mercado de Camden original, sito junto a la esclusa del canal, con puestos de comida, cerámica, muebles, alfombras orientales, instrumentos musicales y ropa. (www.camdenmarket.com; 54-56 Camden Lock Pl, NW1; ⊙10.00-18.00; ⊖Camden Town)

Circuito a pie 🥾

Una vuelta por Hampstead Heath

Este enorme parque, con sus bosques y prados, parece quedar a millones de kilómetros del centro de Londres y, sin embargo, está muy cerca. Ocupa 320 Ha y alberga 180 especies de aves, 23 tipos de mariposas, culebras, murciélagos, una rica variedad de flora y amplias vistas desde la cima de Parliament Hill. Los vecinos del norte de Londres adoran esta gran zona, que frecuentan familias y paseantes de perros.

Cómo llegar

🚇 Estación Hampstead (línea Northern). Para el cementerio de Highgate, estación Archway (línea Northern).

🚌 Hampstead Heath y Gospel Oak están en la parte sur del brezal.

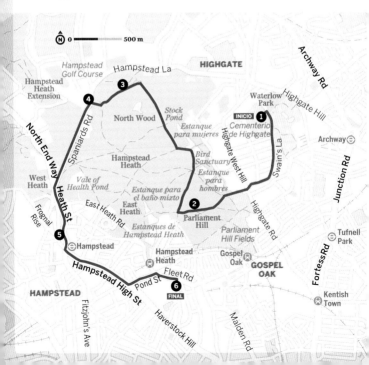

❶ Explorar el cementerio local

El **cementerio de Highgate** (www.highgatecemetery.org; adultos/niños 4 £/gratis; ⏱10.00-16.00 lu-vi, 11.00-16.00 sa y do), lugar de descanso eterno de Karl Marx, George Eliot y el agente del servicio secreto ruso Alexander Litvinenko (envenenado con polonio radiactivo en el 2006), se divide en este y oeste. Para visitar la parte oriental hay que unirse a una visita guiada.

❷ Parliament Hill

Desde el cementerio se baja Swain's Lane hasta la rotonda con Highgate West Hill y se sube a Parliament Hill. Resulta ideal para un pícnic; solo hay que elegir un sitio, llevar unos sándwiches y disfrutar de las vistas. Si hace calor se puede nadar en los **estanques de Hampstead Heath** (www.cityoflondon.gov.uk; adultos/niños 2/1 £; ⊖Hampstead Heath) abiertos todo el año y con socorrista.

❸ Visitar Kenwood

Tras el brezal, la **Kenwood House** (www.english-heritage.org.uk; Hampstead Lane, NW3; gratis; ⏱10.00-16.00) edificio neoclásico del s. XVIII, está en una maravillosa extensión de jardines de la que desciende a un pintoresco lago. La casa alberga una colección de arte con cuadros de Rembrandt, Constable y Turner. Merece la pena ver las **esculturas** de **Henry Moore** y **Barbara Hepworth** que hay en el recinto.

❹ Un descanso en la Spaniard's Inn

En los lindes del brezal aguarda esta taberna de 1585, donde Byron, Shelley, Keats y Dickens paraban para tomar un trago. Antaño una casa de peaje, la **Spaniard's Inn** (www.thespaniardshampstead.co.uk; ⏱12.00-23.00) ha conservado su encanto histórico (paneles de madera e interior acogedor) y la visitan mucho los paseantes de perros, familias y demás visitantes del parque los fines de semana.

❺ Deambular por Hampstead

Tras una pinta en la Spaniard's Inn se puede tomar el autobús 210 a Jack Straw's Castle y bajar caminando hasta el precioso e histórico barrio de Hampstead. Muy apreciado por los artistas de entreguerras, ha conservado su aire bohemio, con casas suntuosas, calles arboladas, cafés y encantadoras *boutiques*. En **Exclusivo** (2 Flask Walk, NW3; ⏱10.30-18.00) venden prendas de diseño, de segunda mano pero de primera calidad.

❻ Cenar en el Stag

El día termina con un paseo hasta el **Stag** (www.thestagnw3.com; principales 9-17,50 £; ⏱12.00-23.00), un *gastropub* donde premian al comensal con una deliciosa comida británica. La empanada de ternera y *ale* es muy especial y los postres son encomiables. Con semejante carta de vinos y cervezas nadie tiene prisa por marcharse.

Explorar

Shoreditch y el East End

Shoreditch y Spitalfields compensan con su ambiente e historia la falta de "grandes puntos de interés"; además, encierran emotivos recuerdos de la larga crónica de migración londinense y algunos de sus museos más intrigantes. Por si fuera poco, se trata del núcleo de la industria creativa de la ciudad y parece estar dando forma al próximo capítulo en la historia de Londres.

Se empieza con un paseo por la histórica Clerkenwell y una visita a la antigua Charterhose (p. 187). El espléndido Poppie's (p. 188) es ideal para degustar un almuerzo tradicional de fish and chips. A menos que se consigan entradas para una velada a la luz de las velas, la Dennis Severs' House (p. 187) es digna de una parada para disfrutar de su magia. Se puede ir al mercado de Old Spitalfields (p. 191), pasear por las calles del Spitalfields georgiano (p. 188), bajar por Brick Lane (p. 187) y comer algo en la Brick Lane Beigel Bake (p. 189). El Cocktail Trading Co (p. 189) o el Queen of Hoxton (p. 190) son perfectos para una copa, pero si se desea descansar después de tanto andar, se puede ver una película en el Electric Cinema (p. 190) o darse un festín en el Brawn (p. 188).

Cómo llegar y desplazarse

⊖ Liverpool St es la estación más cercana a Spitalfields. Old St es la mejor parada para el oeste de Hoxton y Shoreditch.

🚊 Shoreditch High St y Hoxton son las estaciones más próximas a Spitalfields y zonas más orientales de Shoreditch y Hoxton.

🚌 Son útiles las rutas 55, 8 y 242.

Véase el plano en p. 186.

Circuito a pie 🥾

Un domingo en el East End

El East End tiene una historia colorida y multicultural. Oleadas de inmigrantes (protestantes franceses, judíos, bangladesíes) han dejado su huella en la zona, que, junto a la herencia cockney y el fenómeno hípster del s. XXI, ha dado lugar a un barrio increíblemente animado. Se aprecia mejor los domingos, cuando los mercados de la zona están en plena actividad.

Datos

Inicio Mercado de flores de Columbia Rd; ⊖ Hoxton

Final Yuu Kitchen; ⊖ Aldgate East

Distancia 1,2 km; 3-4 h, dependiendo de las paradas

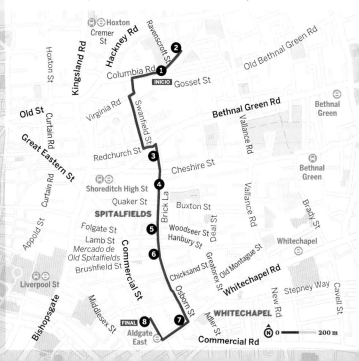

❶ Mercado de flores de Columbia Rd

Este **mercado** (www.columbiaroad. info; 🕑 8.00-15.00 do) de flores y plantas, es muy divertido y el mejor lugar para oír *cockney* de verdad. Conviene ir pronto.

❷ Pausa en el 'pub'

Si se desea escapar de las masas, el **Royal Oak** (www.royaloaklondon. com; 🕑 16.00-23.00 lu-vi, 12.00-24.00 sa, 11.00-22.30 do) es un encantador *pub* del East End, revestido de madera, con un pequeño jardín en la parte de atrás.

❸ Comprar un 'bagel'

Brick Lane fue en su día el centro del East End judío. Gran parte de la comunidad judía se ha mudado a otras zonas pero la sencilla **Brick Lane Beigel Bake** (p. 189) sigue vendiendo baratísimos *bagels* caseros.

❹ Mercado de Brick Lane

Esta calle es más conocida por su extenso **mercado** (www.visitbrickla ne.org; 🕑 10.00-17.00 do) dominical. Hay desde objetos *vintage* y curiosidades hasta moda barata, pasando por puestos de comida.

❺ Old Truman Brewery

Fundada aquí en el s. xvii, la Truman's Black Eagle Brewery era en la década de 1850 la mayor cervecería del mundo. El complejo se extiende por una serie de edificios de ladrillo y patios a ambos lados de Brick Lane y acoge mercados atrevidos, incluido el **Sunday Up-Market** (www.sundayupmarket.co.uk; 🕑 11.00-18.00 sa, 10.00-17.00 do), con jóvenes diseñadores de moda.

❻ Gran Mezquita de Brick Lane

Ningún edificio simboliza las oleadas de inmigración a Spitalfields tan bien como esta **mezquita** (www.bricklanejammemasjid.co.uk). Construida en 1743 como una iglesia francesa para hugonotes, fue una capilla metodista desde 1819 hasta que se transformó en una sinagoga para refugiados judíos de Rusia y Europa central en 1898. En 1976 se convirtió en una mezquita.

❼ Arte en la Whitechapel Gallery

Esta innovadora **galería** (www.white-chapelgallery.org; gratis; 🕑 11.00-18.00 ma, mi y vi-do, hasta 21.00 ju) está dedicada a exposiciones de arte contemporáneo. Se hizo un nombre al organizar exposiciones de artistas emergentes y consagrados, como las primeras de Pablo Picasso y Frida Kahlo en el Reino Unido.

❽ Yuu Kitchen

El East End es famoso por sus restaurantes multiétnicos, así que se puede terminar el día con un festín panasiático. En este entretenido y apacible **restaurante** (www. yuukitchen.com; platos 4,50-8,50 £; 🕑 17.30-hasta tarde lu y ma, 12.00-14.30 y 17.30-hasta tarde mi-vi, 12.00-16.00 y 17.30-hasta tarde sa y do), hay imágenes manga en las paredes y jaulas de pájaros en el techo. Imprescindible probar los impresionantes *bao* (bollitos al vapor taiwaneses).

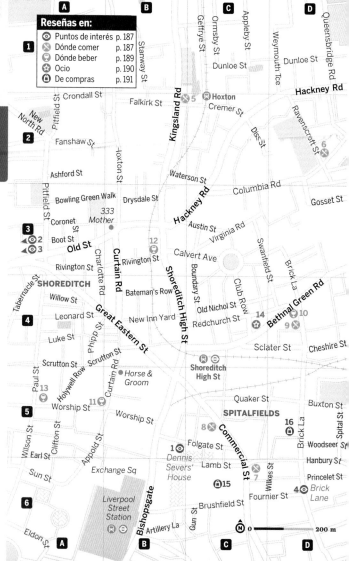

Shoreditch y el East End

Reseñas en:

1	◉ Puntos de interés	p. 187
	⊗ Dónde comer	p. 187
	⊗ Dónde beber	p. 189
	☆ Ocio	p. 190
	🔒 De compras	p. 191

Stanway St

Geffrye St

Ormsby St

Appleby St

Weymouth Tce

Dunloe St

Queensbridge Rd

Dunloe St

New North Rd

Pitfield St

Crondall St

Falkirk St

Kingsland Rd

◉5 ◉ Hoxton

Cremer St

Diss St

Ravenscroft St

Hackney Rd

Fanshaw St

Hoxton St

◉6

Ashford St

Waterson St

Columbia Rd

Gosset St

Pitfield St

Bowling Green Walk

Drysdale St

Hackney Rd

Austin St

Coronet St

333 Mother

Virginia Rd

Swanfield St

Brick La

Boot St

Old St

Calvert Ave

◉12

Charlotte Rd

Rivington St

Rivington St

Shoreditch High St

Boundary St

Old Nichol St

Club Row

Bethnal Green Rd

◉10

SHOREDITCH

Tabernacle St

Willow St

Bateman's Row

◉14

◉9

Leonard St

Great Eastern St

New Inn Yard

Redchurch St

Luke St

Phipp St

Scrutton St

Scrutton St

Sclater St

Cheshire St

Paul St

◉13

Holywell Row

Curtain Rd

Horse & Groom

Shoreditch High St ◉◉

Quaker St

Buxton St

◉16

Worship St

◉11

Worship St

SPITALFIELDS

Brick La

Spital St

Wilson St

Clifton St

Appold St

◉8 ⊗

Commercial St

Woodseer St

Hanbury St

Earl St

◉1 ◉

Folgate St

Lamb St

◉7 ⊗

Princelet St

Sun St

Dennis Severs' House

Wilkes St

◉4 ◉ Brick Lane

Exchange Sq

◉15

Fournier St

Bishopsgate

Gun St

Brushfield St

Liverpool Street Station
◉◉

Artillery La

N 0 ─────── 200 m

Puntos de interés

Dennis Severs' House   MUSEO

1 ◉ PLANO P. 186, B5

Esta extraordinaria casa georgiana está arreglada como si sus ocupantes (una familia de tejedores de seda hugonotes) acabaran de salir por la puerta. Hay tazas de té medio llenas, restos de comida, velas encendidas y hasta un orinal lleno junto a la cama. Más que un museo, es una oportunidad para reflexionar sobre las minucias de la vida georgiana cotidiana a través de la contemplación.

Las visitas diurnas son gratuitas, pero es necesario reservar para las sesiones vespertinas Silent Night a la luz de las velas (45 min; lu-mi-vi 17.00-21.00). (☏020-7247 4013; www.dennissevershouse.co.uk; 18 Folgate St, E1; día/noche 10/ 15 £; ⏰12.00-14.00 y 17.00-21.00 lu, 17.00-21.00 mi y vi, 12.00-16.00 do; ⛙Liverpool St)

Charterhouse   EDIFICIO HISTÓRICO

2 ◉ PLANO P. 186, A3

Desde un monasterio a una mansión Tudor y a la fundación benéfica que opera aquí desde 1611, Charterhouse ha jugado un papel discreto pero importante en la historia de Londres. Hay libre acceso al pequeño museo, la capilla y el patio principal, pero para ver más, hay que contratar un circuito de 1 h (10 £; vale la pena). Operan tres veces al día y abarcan las salas y patios más históricos, así como el claustro.

(☏020-7253 9503; www.thecharter house.org; Charterhouse Sq, EC1M; gratis; ⏰11.00-17.00 ma-do; ⛙Barbican)

St John's Gate   EDIFICIO HISTÓRICO

3 ◉ PLANO P. 186, A3

Esta admirable puerta de estilo Tudor data de 1504. Durante el s. XIII, la Orden de los Caballeros Hospitalarios (una orden cristiana y militar destinada a cuidar enfermos) fundaron aquí un priorato. Dentro hay un pequeño museo que cubre la historia de la orden, así como su resurgimiento en Gran Bretaña (s. XIX) bajo la Orden de San Juan y la creación de St John Ambulance. (www.museumstjohn.org.uk; St John's Lane, EC1M; gratis; ⏰10.00-17.00 lu-do jul-sep, lu-sa oct-jun; ⛙Farringdon)

Brick Lane   CALLE

4 ◉ PLANO P. 186, D6

Bulliciosa y llena de color y vida, Brick Lane es una vibrante mezcla de historia y modernidad y un entresijo de culturas. Hoy es la pieza central de una próspera comunidad bengalí en una zona llamada Banglatown. El lado sur lo ocupa una larga hilera de locales de curri y *balti*, entremezclados con tiendas de tejidos y supermercados indios. (⛙Shoreditch High St, Liverpool St)

Dónde comer

Sông Quê   VIETNAMITA £

5 ◉ PLANO P. 186, B2

Este sencillo local vietnamita, con frecuentes colas, lleva alimentan-

Spitalfields georgiano

Spitalfields, muy concurrido en torno a su mercado e iglesia parroquial, lleva mucho tiempo a la cabeza de las áreas multiculturales de la capital. Oleadas de hugonotes (protestantes franceses), judíos, irlandeses y, más recientemente, inmigrantes de la India y Bangladés han convertido este barrio en su hogar. Para hacerse una idea de cómo era la arquitectura georgiana de Spitalfieds, váyase a las calles Princelet, Fournier, Elder y Wilkes. Los hugonotes, tras huir de su persecución en Francia, abrieron sus negocios aquí desde finales del s. XVII como tejedores de seda.

do a los habitantes de Londres durante casi 15 años. El servicio es abrupto a veces, pero la comida es perfecta, con dos docenas de fantásticos *pho* (sopa de fideos) para elegir. (www.songque.co.uk; 134 Kingsland Rd, E2; principales 7,20-9,50 £; ⏰12.00-15.00 y 17.30-23.00 lu-vi, 12.00-23.00 sa, hasta 22.30 do; ◉Hoxton)

Brawn   EUROPEA ££

6 🍴 PLANO P. 186, D2

Si bien se respira un cierto ambiente francés en este tranquilo bistró esquinero, la carta también se adentra en territorio italiano y español, y se atreve incluso a abordar el constatado almuerzo británico del domingo (3 platos, 28 £). Deliciosos platos de temporada y una excelente selección de vinos europeos. (📞020-7729 5692; www.brawn.co; 49 Columbia Rd, E2; principales 14-19 £; ⏰12.00-15.00 ma-sa, 18.00-22.30 lu-ju, hasta 23.00 vi y sa, 12.00-16.00 do; ◉Hoxton)

Poppie's   FISH AND CHIPS ££

7 🍴 PLANO P. 186, C6

Gloriosa recreación de un *chippy* del East End de la década de 1950, al que se suman unos camareros con delantal y redecillas para el pelo y recuerdos del Blitz. Además de los típicos platos de pescado, sirve clásicos londinenses (anguilas en gelatina con puré de guisantes) y postres deliciosos para niños (pudin de tofe o tarta de manzana con helado); también hay carta de vinos. (www.poppiesfishandchips.co.uk; 6-8 Hanbury St, E1; principales 12,20-16,90 £; ⏰11.00-23.00; ◉Liverpool St)

Hawksmoor   ASADOR £££

8 🍴 PLANO P. 186, C5

Es fácil pasar de largo por este local escasamente señalizado, pero los carnívoros quedarán encantados de encontrarlo. La madera oscura, los ladrillos vista y las cortinas de terciopelo forman un acogedor entorno en el cual degustar la mejor ternera del país. Los asados dominicales (20 £) son legendarios. (☎ 020-7426 4850; www.thehawksmoor.com; 157 Commercial St, E1; principales 20-50 £; ⏱ 12.00-14.30 y 17.00-22.30 lu-sa, 12.00-21.00 do; 🛜; ⊖ Liverpool St)

Brick Lane Beigel Bake
PANADERÍA £

9 ✖ PLANO P. 186, D4

Esta reliquia del East End judío sigue vendiendo baratísimos *bagels* caseros (rellenos de salmón, queso cremoso y/o salazón de ternera) para comensales hambrientos y bebedores nocturnos. Las colas de los domingos son épicas. (159 Brick Lane, E2; *bagels* 1-4,10 £; ⏱ 24 h; ⊖ Shoreditch High St)

Dónde beber

Cocktail Trading Co
COCTELERÍA

10 🍸 PLANO P. 186, D4

Sito en una zona famosa por su actitud 'pasota' y vanguardista, este exquisito local destaca por su apostura y confianza en el cóctel. Los combinados son inmejorables, desde los sabores hasta la presentación: botellas dentro de un sobre, cubitos de hielo del tamaño de un cubo de Rubik, etc. La decoración es una reminiscencia de un club de caballeros de la época colonial, pero más cálido y acogedor. (www.thecocktailtradingco.co.uk; 68 Bethnal Green Rd, E1; ⏱ 17.00-24.00 lu-vi, 14.00-24.00 sa, 14.00-22.30 do; 🚉 Shoreditch High St)

Bagel de ternera salada.

MANU PADILLA/SHUTTERSTOCK ©

Queen of Hoxton BAR

11 🚇 PLANO P. 186, A5

Este local industrial chic tiene una sala de juegos, un sótano y noches de música variada (y rarezas como clases de baile y sesiones de ukelele), pero el verdadero atractivo es el amplio bar en la azotea, decorado con flores, luces de hadas y un tipi. Ofrece magníficas vistas de la ciudad. (www.queenofhoxton.com; 1 Curtain Rd, EC2A; ⊙16.00-24.00 lu-mi, hasta 2.00 ju-sa; 🛜; 🚇Liverpool St)

Cargo BAR, CLUB

12 🚇 PLANO P. 186, B3

Es uno de los clubes más eclécticos de Londres. Bajo sus arcos ferroviarios de ladrillo, hay una pista de baile, un bar y una terraza exterior adornada con dos piezas originales de Banksy. La música es variada (*hip-hop*, pop, R&B y clásicos de la escena de baile). El programa de actuaciones también incluye numerosas bandas incipientes. Sirven comida todo el día. (www.cargo-london.com; 83 Rivington St, EC2A; ⊙12.00-1.00 lu-ju, hasta 3.00 vi y sa, hasta 24.00 do; 🚇Shoreditch High St)

Worship Street Whistling Shop COCTELERÍA

13 🚇 PLANO P. 186, A5

En la jerga victoriana, el nombre de este establecimiento alude a la venta ilícita de alcohol. Los maestros cocteleros de este antro subterráneo exploran los límites empíricos de la química coctelera y la ciencia aromática, además de reinventar los clásicos. (📞020-7247 0015; www.whistlingshop.com; 63 Worship St, EC2A; ⊙17.00-24.00 lu y ma, hasta 1.00 mi y ju, hasta 2.00 vi y sa; 🚇Old St)

Ocio

Electric Cinema CINE

14 ⭐ PLANO P. 186, C4

Dirigido por la Shoreditch House, un club de miembros privados al estilo Uber, esta sala de cine es perfecta para una cita íntima. Cuenta con 48 cómodas butacas, un bar y un restaurante. Se puede venir después de un día de

---

Noche de juerga

Los *pubs* y clubs **333 Mother** (plano p. 186, B3; www.333oldstreet.com; 333 Old St, EC1V; ⊙12.00-2.30 do-ju, hasta 3.00 vi y sa; 🚇Old St), **XOYO** (www.xoyo.co.uk; 32-37 Cowper St, EC2A; ⊙22.00-3.00 lu, ma y ju, 21.30-4.00 vi y sa; 🚇Old St), **Cargo** (p. 190) y **Horse & Groom** (plano p. 186, B5; www.thehorseandgroom.net; 28 Curtain Rd, EC2A; ⊙11.30-23.00 lu-mi, hasta 2.00 ju, hasta 4.00 vi, 18.00-4.00 sa; 🚇Shoreditch High St) abren hasta las 3.00 los fines de semana. Para un desayuno con cerveza, el **Fox & Anchor** (p. 122) reabre sus puertas a las 7.00 (8.30 sa-do).

Zona de copas

Shoreditch es el abanderado de la vida nocturna londinense: hay decenas de bares, discotecas y *pubs* que abren casi todas las noches (hasta la madrugada los fines de semana) y arman bullicio. Clerkenwell es más apacible, con bonitos *pubs* históricos y excelentes coctelerías. Spitalfields, en algún punto intermedio de los dos extremos, está frecuentado por vecinos de la City en las noches de lunes a viernes y el público del mercado los sábados y domingos.

compras. Las entradas vuelan, por lo que hay que reservar con antelación. (☎020-3350 3490; www. electriccinema.co.uk; 64-66 Redchurch St, E2; entradas 11-19 £; ☒Shoreditch High St)

De compras

Mercado de Old Spitalfields

MERCADO

15 🔒 PLANO P. 186, C6

Todavía uno de los mejores mercados de Londres, los comerciantes llevan vendiendo sus productos aquí desde 1638. El espacio cubierto actual se construyó a finales del s. XIX, y en el 2006 se agregó un anexo más moderno. El domingo es el día con mayor cantidad de puestos, pero los jueves son buenos para las antigüedades y los viernes para la moda independiente. También abundan los puestos de comida. (www.oldspital-fieldsmarket.com; Commercial St, E1; ☉10.00-17.00 lu-vi y do, 10.00-18.00 sa; ☒Liverpool St)

Rough Trade East

MÚSICA

16 🔒 PLANO P. 186, D5

Si bien ya no está directamente asociada con el legendario sello discográfico (The Smiths, The Libertines, The Strokes, etc.), esta enorme tienda de discos sigue siendo la mejor para el *indie,* el soul, la electrónica y la música alternativa. Cuenta con una impresionante selección de vinilos y CD, pero también ofrece café y conciertos promocionales. (www. roughtrade.com; Old Truman Brewery, 91 Brick Lane, E1; ☉9.00-21.00 lu-ju, hasta 20.00 vi, 10.00-20.00 sa, 11.00-19.00 do; ☒Shoreditch High St)

Merece la pena 🔭

Royal Observatory y Greenwich Park

En el Royal Observatory converge el estudio del
mar, las estrellas y el tiempo. El meridiano cero,
que pasa por los terrenos del observatorio, fue
seleccionado arbitrariamente en 1884 para dividir
el globo terráqueo en los hemisferios oriental
y occidental. El Observatory está en lo alto de
una colina dentro del frondoso y majestuoso
Greenwich Park, el parque real más antiguo de
Londres.

www.rmg.co.uk

Greenwich Park, Black-
heath Ave, SE10

adultos/niños 10/6,50 £,
incl. Cutty Sark 20/11,50 £

🕐 10.00-17.00 sep-jun,
hasta 18.00 jul y ago

🚉 DLR Cutty Sark, DLR
Greenwich, Greenwich

Flamsteed House

Tras cerrar el observatorio de la Torre de Londres, Carlos II ordenó la construcción de Flamsteed House, edificio original del observatorio diseñado por Christopher Wren en 1675 sobre los cimientos del castillo de Greenwich. Hoy alberga la magnífica **Octagon Room** y el piso donde vivían el astrónomo real y su familia. Debajo están las **Time Galleries,** que explican cómo se resolvió el problema de la longitud (cómo determinar con precisión la ubicación este-oeste de un barco) mediante instrumentos astronómicos y la invención del cronómetro.

Meridian Courtyard

En el Meridian Courtyard, donde el globo está claramente dividido en este y oeste, los visitantes pueden posarse sobre ambos hemisferios, con un pie a cada lado del meridiano. Desde 1833, cada día a las 13.00 desciende la esfera roja del tiempo que corona el Observatory. Hay también un telescopio en una plataforma con vistas increíbles de Londres, y un plano de lo que puede verse.

Camera Obscura

Situada en una pequeña casa estival de ladrillo junto al Meridian Courtyard, esta asombrosa **sala** (www.rmg.co.uk; Greenwich Park; ☺ 10.00-17.00) proyecta, sobre una mesa, una imagen en directo de la Queen's House. Para entrar, hay que atravesar dos tupidas cortinas y procurar que queden cerradas para mantener el lugar a oscuras.

Weller Astronomy Galleries

La mitad sur del observatorio alberga las didácticas y gratuitas Weller Astronomy Galleries, donde se puede tocar el objeto más antiguo jamás visto: parte del **meteorito Gibeon,** ¡que solo tiene 4500 millones de antigüedad! Otras interesantes muestras incluyen un Orrery (mo-

---

★ Consejos

○ Elegir un día soleado para disfrutar de las impresionantes vistas de la ciudad desde el Observatory.

○ La web ofrece entradas combinadas para otros puntos de interés de Greenwich y abonos a precios reducidos.

○ Ir a la cercana Queen's House (p. 195), con sus hermosas Tulip Stairs y Great Hall.

✗ Una pausa

Existen numerosas opciones, como acudir al café del Astronomy Centre, o tomarse un bocadillo en Greenwich Park.

Otra opción es bajar por la colina hasta **Goddards at Greenwich** (www. goddardsatgreenwich. co.uk; 22 King William Walk, SE10; platos 3,30-7,30 £; ☺ 10.00-19.00 do-ju, hasta 20.00 vi y sa) y degustar un *pie and mash* o picar algo en el mercado de Greenwich (p. 197).

Zonas de acceso gratuito

El Royal Observatory tiene zonas de acceso gratuito (Weller Astronomy Galleries) y otras de pago (Meridian Line, Flamsteed House y Camera Obscure).

delo mecánico del sistema solar sin Urano y Neptuno, aún por descubrir) de 1780, documentales de astronomía, una primera edición de los *Principia Mathematica* de Newton y la oportunidad de ver la Vía Láctea en múltiples longitudes de onda. Es también la sede del certamen anual **Insight Astronomy Photographer of the Year,** que compila imágenes asombrosas. Para ver las estrellas más de cerca, se puede elegir un telescopio Skyhawk de la tienda.

Peter Harrison Planetarium

El vanguardista Peter Harrison Planetarium, único planetario de Londres, muestra todo el universo en su interior. Ofrece al menos cinco programas didácticos al día. Conviene reservar.

Greenwich Park

Es una de las zonas **verdes** (www.royalparks.org.uk; King George St, SE10; ⊖6.00-anochecer; ⎇Greenwich, Maze Hill, DLR Cutty Sark) más bonitas de Londres, y cuenta con una **rosaleda,** paseos pintorescos y unas vistas increíbles desde lo alto de la colina, cerca de la **estatua del general Wolfe,** en dirección a Canary Wharf. Con 74 Ha, es el parque real acotado más antiguo, y se debe en parte a André Le Nôtre, arquitecto paisajista que diseñó los jardines de Versalles.

Greenwich Park.

Cero terrestre

El meridiano de Greenwich fue seleccionado como meridiano cero mundial en la Conferencia Internacional del Meridiano de Washington D. C. en 1884. Greenwich se convirtió así en el cero terrestre para la longitud y en el estándar para los cálculos horarios, sustituyendo a los múltiples meridianos existentes hasta entonces. A ello contribuyó que la hora media de Greenwich ya hubiese sido elegida por EE UU para el cálculo de sus propios husos horarios y que la mayor parte del comercio mundial usara ya cartas marítimas que identificaban a Greenwich como meridiano principal.

Hay un encantador **salón de té** cerca del Royal Observatory, un café detrás del National Maritime Museum, un **parque con ciervos,** canchas de tenis en el suroeste, un lago con barcas cerca de **Queen's House** (www.rmg.co.uk/queens-hou se; Romney Rd, SE10; gratis; ☉ 10.00-17.00; ⍟DLR Cutty Sark) y **Ranger's House** (Wernher Collection; EH; ☎020-8294 2548; www.english-heritage.org.uk; Greenwich Park, Chesterfield Walk, SE10; adultos/niños 9/5,40 £; ☉ circuitos guiados 11.30 y 14.00 do-mi fin mar-sep) . Los abundantes castaños dan unas castañas deliciosas en otoño (solo pueden recogerse del suelo.)

Circuito a pie 🥾

Un paseo por el Greenwich histórico

El mayor atractivo del majestuoso Greenwich es el Royal Observatory, pero todo el distrito es un tesoro de sitios de interés: el grandioso Old Royal Naval College, la exquisita Queen's House, el estupendo navío del s. XIX, la distinguida arquitectura eclesiástica, un mercado histórico, los pubs ribereños y el túnel bajo el río.

Cómo llegar

🚈 Tomar el DLR a Cutty Sark o Greenwich, o el tren a Greenwich.

⛴ Los barcos de Thames Clipper van a Greenwich y Royal Arsenal Woolwich desde los muelles del London Eye, Embankment y la Tower Millennium.

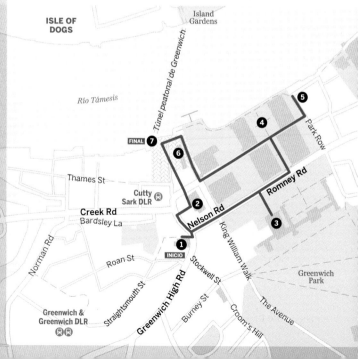

❶ Iglesia St Alfege

Desde la estación de Greenwich & Greenwich DLR, se camina por Greenwich High Rd hacia esta **iglesia** (www.st-alfege.org; ⏱11.00-16.00 lu-vi, 10.00-16.00 sa, 12.00-16.00 do) de 1718 diseñada por Nicholas Hawksmoor. Tiene un mural restaurado por James Thornhill y un intrigante teclado del período Tudor con octavas del teclado central. Hay conciertos gratuitos los jueves, y casi todos los sábados, a las 13.05.

❷ Mercado de Greenwich

Al otro lado de la calle está el **mercado de Greenwich** (⏱10.00-17.30), de 1737, repleto de eclécticos puestos de comida callejera, tiendas de artesanía, productos de belleza saludables, joyas hechas a mano, antigüedades, etc. Consúltese la web para saber qué hay a la venta según qué día.

❸ National Maritime Museum y Queen's House

Se camina por Nelson Rd hasta el **National Maritime Museum** (www.rmg.co.uk/national-maritime-museum; gratis; ⏱10.00-17.00), uno de los atractivos destacados de Greenwich. Tras contemplar la colección, se cruza hacia la recién restaurada **Queen's House** (p. 195), el edificio más elegante de Greenwich.

❹ Old Royal Naval College

Se cruza por Romney Rd hasta el extraordinario **Old Royal Naval College** (www.ornc.org; gratis; ⏱10.00-17.00, jardines 8.00-23.00), el mayor compendio de edificios de Greenwich. Las vistas del Canary Wharf son impresionantes; destacan sobre todo la **capilla** y el **Painted Hall** (cerrado por trabajos de restauración, aunque hay visitas; consúltese la web).

❺ Trafalgar Tavern

Se sale por la East Gate y se desciende por Park Row hacia este fantástico y ribereño **'pub'** (www.trafalgartavern.co.uk; ⏱12.00-23.00 lu-ju, 12.00-24.00 vi, 10.00-24.00 sa, 10.00-23.00 do) de grandes ventanales con vistas al Támesis. Cuentan que Dickens se bebió unas cuantas copas aquí y que usó el recinto para la escena del desayuno nupcial en *Nuestro amigo común*.

❻ 'Cutty Sark'

Se sigue por el pintoresco camino entre el Támesis y el Old Royal Naval College hasta el '**Cutty Sark**' (www.rmg.co.uk/cutty-sark; King William Walk, SE10; adultos/niños 13,50/7 £; ⏱10.00-17.00 sep-jun, hasta 18.00 jul y ago), el último de los grandes clíperes que navegaban entre China e Inglaterra en el s. XIX.

❼ Túnel peatonal

Se desciende hacia el **túnel peatonal de Greenwich** (Cutty Sark Gardens, SE10; ⏱24 h; ⓇDLR Cutty Sark) y se cruza por debajo del río hasta la Isle of Dogs, que ofrece espectaculares vistas de Greenwich.

Merece la pena 🔭
Palacio de Hampton Court

El palacio Tudor más espectacular de la ciudad (s. XVI) está repleto de historia, desde los aposentos de Enrique VIII hasta los jardines, con un laberinto de 300 años. Ofrece una de las mejores escapadas de un día desde Londres y es visita obligada para los interesados en la historia británica, la arquitectura Tudor o los jardines de diseño impecable.

www.hrp.org.uk/hampton-court-palace

adultos/niños/familias 19/10/34 £

🕙 10.00-16.30 nov-mar, hasta 18.00 abr-oct

Entrada a palacio

La magnífica puerta principal da acceso primero al **Base Court** y luego al *Clock Court*, llamado así por su reloj astronómico del s. XVI. Las salas con paneles y puertas con arcos de la exposición **'Historia del joven Enrique VIII'**, sita encima del primer patio, ofrecen una introducción gratificante: destaca el emblema de la casa Tudor sobre la chimenea. Fuera del primer patio y a la derecha según se entra, están las nueve pinturas de Andrea Mantegna, **'Los triunfos del César'**, una colección adquirida por Carlos I en 1629 que representa a un Julio César triunfante en su llegada a la antigua Roma.

Aposentos de Enrique VIII

Las escaleras situadas tras la puerta de Ana Bolena conducen a los aposentos de Enrique VIII, incluido el espléndido **Great Hall**. Tras la **Horn Room,** de cuyas paredes cuelgan cornamentas impresionantes, se llega a la **Great Watching Chamber**, donde los guardias controlaban el acceso al rey.

Royal Pew y la corona de Enrique VIII

La recreación de la resplandeciente corona con incrustaciones de piedras preciosas de Enrique VIII (la original la fundió Oliver Cromwell) se halla en el Royal Pew (10.00-16.00 lu-sa y 12.30-13.30 do), que da a la **Chapel Royal** (lugar de culto desde hace 450 años).

Cocinas Tudor y Gran Bodega

Las magníficas cocinas Tudor, también de la época de Enrique VIII, antaño preparaban comida para una casa real donde vivían unas 1200 personas. No hay que dejar de ver la Great Wine Cellar, por la que pasaban los 300 barriles de cerveza y los 300 de vino que se consumían aquí anualmente a mediados del s. XVI.

★ **Consejos**

∘ Consultar la web para ver las actividades disponibles y concertar una visita con un guía disfrazado.

∘ Hampton Court linda con el Bushy Park, un bosque de 445 Ha que alberga ejemplares de gamos y ciervos.

✕ **Una pausa**

Hay tres cafés en los terrenos del palacio: el **Tiltyard Cafe**, el **Privy Kitchen** y la **Fountain Court Cafe**. Los jardines del palacio son enormes; si hace sol, resultan ideales para hacer un pícnic y relajarse.

★ **Cómo llegar**

El palacio de Hampton Court está 1 h al suroeste del centro de Londres.

🚆 Servicios regulares desde Waterloo hasta Hampton Court vía la estación Wimbledon.

⛴ Barcos desde Westminster que tardan unas 4 h.

Merece la pena Palacio de Hampton Court

Cumberland Art Gallery

La restaurada Cumberland Suite, junto al patio del Reloj, acoge obras de arte de la Royal Collection, como el *Autorretrato vistiendo ropas antiguas* (1642) de Rembrandt y *Carlos I a caballo* (en torno a 1635-1636), de sir Anthony van Dyck.

Aposentos de Guillermo III y María II

La visita a los aposentos de Guillermo III, terminados por Wren en 1702, sube por la **King's Staircase.** Destaca la **King's Presence Chamber**, dominada por un trono con colgaduras de color escarlata. No hay que perderse la **King's Great Bedchamber**, con una cama coronada con plumas de avestruz, y el King's Closet, donde el monarca tenía un retrete con asiento de terciopelo. Restauradas y reabiertas en el 2014, las genuinas **Chocolate Kitchens** se construyeron para Guillermo y María en torno a 1689.

María II tenía sus propios aposentos, a los que se accedía por la fabulosa **Queen's Staircase** (decorada por William Kent).

Apartamentos privados georgianos

También vale la pena ver los salones georgianos usados por Jorge II y la reina Carolina en la última visita real al palacio en 1737. El fabuloso **Wolsey Closet** de estilo Tudor, con su techo de principios del s. XVI y sus paneles pintados, encargo de Enrique VIII, no tiene desperdicio.

Cartoon Gallery

La Cartoon Gallery exhibió en otro tiempo los Cartones originales de

Cocina, palacio de Hampton Court.

Eventos y actividades

Hay que consultar el programa de espectáculos y eventos especiales: torneos Tudor, demostraciones de cetrería, aventuras en el jardín y recorridos para familias. En verano, los divertidos **circuitos en charabán** (adultos/niños 6/3 £), recorridos de 15-20 min en coche de caballos, salen del East Front Garden entre 11.00-17.00. El Luna Cinema (www.theluna-cinema.com) proyecta películas al aire libre en verano. Hay una pista de hielo reluciente para patinar (fin nov-med ene).

Rafael (hoy en el V&A); actualmente exhibe unas copias de finales del s. XVII.

Jardines y laberinto

Tras el palacio están los jardines. Hay que ver la **Real Tennis Court**, de la década de 1620. Construida originalmente para Guillermo y María, la **Kitchen Garden** es una recreación excelente.

Nadie debería irse de Hampton Court sin perderse en el **laberinto de 800 m** (⊙10.00-17.15 abr-oct, hasta 15.45 nov-mar; adultos/niños/familias 4,20/2,60/12,30 £), también accesible sin entrar al palacio.

Guía práctica

Mercado de Covent Garden (p. 74). FRANCISCO MARTIN GONZALEZ/PABKOV/500PX ©

Antes de partir

Reservas

○ Los mejores barrios para alojarse están alrededor de la National Gallery y Covent Garden, Kensington, St Paul y la City y el South Bank.

○ Los B&B, en un nivel inferior a los hoteles, pueden tener encanto; están en preciosos edificios antiguos y el servicio es personal.

○ Existen hoteles fantásticos pero conviene reservar con antelación, sobre todo durante las vacaciones.

○ Por menos de 100 £ cuesta hallar alojamiento de calidad; se aconseja buscar ofertas de fin de semana para intentar conseguir un hotel de más categoría.

○ Para una semana o más, se recomienda alquilar un apartamento.

Webs

Visit London (www.visitlondon.com) Gran

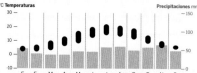

Londres

Cuándo ir

○ **Invierno (dic-feb)** Frío, mucha lluvia y nieve ocasional. Museos y atracciones tranquilos.

○ **Primavera (mar-may)** Temperatura suave, humedad y árboles en flor. Los sitios turísticos empiezan a llenarse.

○ **Verano (jun-ago)** Cálido-caluroso, soleado. Principal temporada turística. Puntos de interés llenos; parques geniales.

○ **Otoño (sep-nov)** Temperatura media, bastante soleado y precioso. Empieza la escuela y todo se va relajando.

variedad de listados del portal oficial de turismo de la ciudad.

London Town (www.londontown.com) Excelentes ofertas de última hora en hoteles-*boutique* y B&B.

Alastair Sawdays (www.sawdays.co.uk) Selección exclusiva de alojamientos en la capital.

Lonely Planet (www.lonelyplanet.es/europa/inglaterra/londres) Cientos de propiedades.

Económico

YHA London Oxford Street (www.yha.org.uk/hostel/yha-london-oxford-street) Albergue céntrico con magníficas instalaciones compartidas.

Qbic (www.qbichotels.com) Pequeñas habitaciones bien diseñadas, baratísimas si se reserva con tiempo.

Clink78 (www.clinkhostels.com/london/clink78) Albergue histórico en un antiguo tribunal de primera instancia.

Precio medio

citizenM Tower of London (www.citizenm. com) Habitaciones pequeñas pero impecables, algunas con vistas espectaculares.

Hoxton Hotel (www. thehoxton.com) Valor excepcional por su ubicación y diseño.

40 Winks (www.40winks.org) Hotel-*boutique*/B&B decorado exquisitamente, en el East End.

Barclay House (www. barclayhouselondon.com) Cumple todas las expectativas, y algunas más.

Precio alto

Hazlitt's (www.hazlitts hotel.com) Encanto antiguo en una ubicación espectacular.

South Place (www. southplacehotel.com) Hotel-*boutique* artístico en el margen de la City.

Knightsbridge Hotel (www.firmdalehotels.com/ hotels/london/knights bridge-hotel) Elegantes habitaciones en un edificio de 200 años de antigüedad.

Corinthia (www. corinthia.com) Joya

victoriana cerca de la sede del poder.

Cómo llegar

Aeropuerto de Heathrow

Heathrow (LHR; www. heathrow.com) está unos 24 km al oeste del centro de Londres y es el aeropuerto internacional con más tráfico del mundo, con cuatro terminales (numeradas del 2 al 5), incluida la renovada terminal 2. Es el principal aeropuerto de Gran Bretaña para vuelos internacionales.

Metro La línea Piccadilly tiene tres paradas en Heathrow: una en las terminales 2 y 3, otra en la terminal 4 y la última en la terminal 5. El metro *(tube)* es la forma más barata de viajar a Heathrow (6 £/ida; Oyster Card o una tarjeta *contactless* 5,10/ 3,10 £ en hora punta/o no). El trayecto a/desde el centro de Londres dura 1 h y hay trenes cada 3-9 min:

desde el aeropuerto (5.00-justo después de las 24.00; 5.00-23.28 do) y hacia el aeropuerto (5.09-23.54; 5.09-23.00 do). El metro funciona toda la noche los viernes y sábados, con frecuencia reducida. Los billetes se compran en la estación.

Tren Heathrow Express (cada 15 min) y Heathrow Connect (cada 30 min) enlazan Heathrow con la estación de Paddington. Los trenes de ambas compañías circulan en los dos sentidos desde las 5.00 hasta las 23.00-24.00.

Autobús National Express (www. nationalexpress.com) (ida desde 6 £, 35-90 min, cada 30-60 min) conecta la estación de autobuses de Heathrow Central con la estación de autobuses de Victoria. El primer autobús desde Heathrow Central (terminales 2 y 3) sale a las 4.20 y el último a las 22.00. De Victoria, el primero sale a las 3.00 y el último a las 24.30. La línea nocturna N9 (1,50 £, 1¼ h, cada 20 min), une la estación de autobuses de Heathrow Central (y la terminal 5) con el centro de Londres (última parada en Aldwych).

Taxi Un trayecto en un taxi negro (*black-cab*) a/desde el centro de Londres cuesta 46-87 £ y tarda 45-60 min, en función del tráfico y el punto de partida.

Aeropuerto de Gatwick

Más pequeño que Heathrow y el número 2 de Gran Bretaña, sobre todo para vuelos internacionales, Gatwick (LGW; www. gatwickairport.com) se encuentra unos 48 km al sur de Londres. Un tren lanzadera (24 h, 3 min entre terminales aprox.) une las terminales norte y sur.

Tren National Rail (www.nationalrail. co.uk) Trenes regulares a/desde el puente de Londres (30 min, cada 15-30 min), London King's Cross (55 min, cada 15-30 min) y Victoria (30 min, cada 10-15 min). Los precios varían según la hora y la compañía, pero oscilan entre 10 y 20 £ (ida).

○ Los trenes de Gatwick Express circulan cada 15 min desde una estación que hay cerca de la terminal sur hasta la estación de Victoria. Desde el aeropuerto, funcionan de 5.45 a 24.20; desde Victoria, salen entre las 5.00 y las 23.30. El trayecto dura 30 min.

Autobús National Express (www. nationalexpress.com) opera autobuses de Gatwick a la estación de autobuses de Victoria cada hora durante todo el día (8 £/ida). El trayecto dura entre 80 y 120 min, dependiendo del tráfico.

○ EasyBus (www. easybus.com/es) tiene microbuses económicos al aeropuerto de Gatwick para 19 personas (75 min, cada 15-20 min, ida desde 1,95 £) desde Earl's Court/West Brompton y la estación de autobuses de Victoria las 24 h del día.

Taxi Un trayecto en un taxi negro con taxímetro a/desde el centro de Londres cuesta unas 100 £ (1 h aprox.). Los *minicabs* son más baratos.

Aeropuerto de Stansted

El aeropuerto internacional de Stansted (STN; www.stansted airport.com) está unos 56 km al noreste del centro en dirección a Cambridge. Vuela a un gran número de destinos europeos y en él operan sobre todo compañías de bajo coste, como Ryanair.

Tren Stansted Express (www. stanstedexpress. com) conecta (45 min, cada 15-30 min) el aeropuerto con la estación de Liverpool St. Desde el aeropuerto, hay trenes de 5.30 a 24.30; desde Liverpool St salen entre las 3.40 y 23.25.

Autobús National Express (www. nationalexpress.com) opera las 24 h, con más de 100 servicios al día.

○ El aerobús A6 va a la estación de autobuses de Victoria (60-90 min aprox., cada 20 min) con paradas en Marble Arch, Paddington, Baker St y Golders Green. El A7 también va a la estación de autobuses de Victoria

(60-90 min aprox., cada 20 min) y para en Waterloo y Southwark. El A8 viaja a la estación de Liverpool St (desde 6 £/ida, 60-80 min, cada 30 min) y para en Bethnal Green, Shoreditch High St y Mile End.

○ Stansted City Link 767 viaja a King's Cross (75 min, cada 30 min).

○ Airport Bus Express opera cada 30 min y tiene paradas en el London Bridge, la estación de autobuses de Victoria, Liverpool Street y Stratford.

○ EasyBus (www.easybus.com/es) va a las estaciones de metro de Baker St y Old St cada 15 min. El trayecto (5,97 £/ida) dura 1 h a/desde Old St, 1¼ h a/desde Baker St.

○ Terravision (www.terravision.eu) conecta Stansted con la estación de Liverpool St (9 £/ida, 55 min), King's Cross (desde 9 £, 75 min) y la estación de autobuses de Victoria (desde 10 £, 2 h) cada 20-40 min entre las 6.00 y la 1.00. Hay wifi en todos los autobuses.

Taxi Un trayecto en un taxi negro a/desde el centro de Londres cuesta unas 130 £. Los *minicabs* son más baratos.

Estación internacional de trenes St Pancras

El ferrocarril de alta velocidad Eurostar (www.eurostar.com) ofrece 19 salidas diarias entre la estación internacional de St Pancras y París, Bruselas y Lille. Los precios varían mucho, desde 29 £ (solo ida) hasta 245 £ por un billete de ida en primera clase totalmente flexible (precios basados en viajes de ida y vuelta). Eurostar Snap tiene ofertas, y los mejores precios para los que son flexibles a la hora de viajar.

Cómo desplazarse

El transporte público de Londres es excelente, pero caro. Lo gestiona Transport for London (www.tfl.gov.uk), que dispone de una web con actualizaciones en directo sobre el tráfico, un planificador de viajes, planos e información detallada sobre todos los modos de transporte. La forma más barata de viajar es con una Oyster Card o con una tarjeta *contactless*. Los niños menores de 11 años no pagan.

Metro, DLR y suburbano

El **metro de Londres** (*the tube;* 11 líneas codificadas por colores) es parte de un sistema que también incluye el Docklands Light Railway (DLR; https://tfl.gov.uk/modes/dlr; un tren aéreo sin conductor en el este de la ciudad) y el suburbano (opera por la superficie, a veces por debajo, fuera de la Zona 1).

Se trata de la forma más rápida y fácil de moverse por la ciudad, pero no es barata. Resulta más económico viajar con una tarjeta Oyster o una tarjeta *contactless* que con un billete ordinario. Los servicios empiezan sobre las 5.30 de lunes a

Oyster Card

La Oyster Card es una tarjeta inteligente de prepago que permite almacenar crédito, como la Travelcard, para períodos de un día a un año. Es válida en toda la red de transporte público de Londres. En la estación, hay que ponerla sobre el lector (tiene un círculo amarillo con la imagen de la Oyster) al entrar y al salir, y el crédito se va descontando según su uso. En el autobús solo hay que ponerla al entrar. Algunas estaciones de metro no tienen molinetes de salida, pero hay que pasar la tarjeta por un lector antes de abandonar la estación, o cobrarán más de la cuenta.

Las tarifas de la Oyster son inferiores a las normales. Si se realizan varios viajes al día, se pagará como máximo el tope diario correspondiente al de una Travelcard (en hora punta o no) una vez que se haya alcanzado el límite de precio diario.

La Oyster Card se adquiere (con un depósito de 5 £ reembolsable) y se recarga en cualquier estación de metro, centro de información y establecimiento con el logo de Oyster. Para recuperar el depósito (y el crédito sobrante) basta con devolver la Oyster Card en una taquilla.

Las tarjetas *contactless* (sin *chip* ni pin ni firma) ofrecen las mismas ventajas en cuanto a precios que la Oyster y se pueden usar directamente en los lectores de tarjetas. La ventaja es que no hay que comprar, recargar o devolver nada, pero los visitantes extranjeros deben comprobar la comisión que le cobran en su tarjeta por las transacciones.

sábado y a las 6.45 los domingos. Los últimos trenes salen sobre las 24.30 de lunes a sábado y a las 23.30 los domingos.

Algunas líneas (las de Victoria y Jubilee y casi la totalidad de las líneas de Piccadilly, Central y Northern) funcionan toda la noche (cada 10 min) los viernes y sábados en el llamado "tren nocturno". Londres se divide en nueve zonas tarifarias concéntricas.

Autobús

◦ Los autobuses rojos de dos pisos ofrecen excelentes vistas de la ciudad, pero pueden resultar un poco lentos.

◦ En las paradas, hay excelentes mapas que detallan las rutas y destinos disponibles desde esa zona.

◦ Muchas paradas tienen pantallas LED que indican las horas de llegada del autobús; la descarga de una app como London Bus Live Countdown permite saber con certeza la hora de llegada de los autobuses.

◦ En los autobuses londinenses no se puede pagar en efectivo. Hay que hacerlo con una Oyster Card, una Travelcard o una tarjeta *contactless*. La tarifa de autobús es 1,50 £, independientemente de la distancia.

○ Los autobuses suelen operar de 5.00 a 23.30.

○ Existen más de 50 rutas nocturnas (indicadas con la letra N) que funcionan de 23.30 a 5.00.

○ Oxford Circus, Tottenham Court Rd y Trafalgar Sq son los principales núcleos de las rutas nocturnas.

○ Otras 60 líneas funcionan 24 h (menor frecuencia 23.00-5.00).

○ Los niños menores de 11 años viajan gratis; de 11 a 15 años pagan la mitad si están registrados en la tarjeta Oyster Card del adulto acompañante (en las estaciones de metro de la Zona 1 o las de Heathrow).

Bicicleta

○ **Santander Cycles**
(☎ 0343 222 6666; www.tfl.gov.uk/modes/cycling/santander-cycles) es un sistema de alquiler de bicicletas fácil de usar y útil para los visitantes.

○ Solo hay que recoger una bicicleta en una de las 750 terminales de aparcamiento y después de usarla dejarla en otra.

○ El acceso cuesta 2 £ por 24 h. Se paga insertando la tarjeta de débito o crédito en la estación de carga.

○ Los primeros 30 min son gratis, después cobran 2 £ por cada período adicional de 30 min.

○ Durante el período de acceso (24 h) se pueden recoger todas las bicicletas que se deseen, con intervalos de 5 min entre cada una.

○ Si el aparcamiento está lleno, en la terminal se pueden consultar los puntos cercanos disponibles. Hay que tener 18 años para comprar el acceso y 14 para usar las bicis.

Taxi

○ Los taxis negros *(black-cabs)* están disponibles cuando llevan encendida la luz amarilla que hay sobre el parabrisas; basta con levantar el brazo para llamarlos.

○ Las tarifas se miden con taxímetro. La bajada de bandera

cuesta 2,60 £ (cubre los primeros 248 m de lu-vi) y cobran 20 peniques por cada 124 m adicionales.

○ Las tarifas suben por la noche y de madrugada.

○ Se puede dar una propina al taxista de hasta el 10%, pero la costumbre es redondear el precio al alza.

○ Apps como mytaxi (https://uk.mytaxi.com/welcome) usa el GPS de los móviles para localizar el taxi negro más cercano al usuario. Solo se paga lo que marca el taxímetro. ComCab (www.comcab-london.co.uk) gestiona una de las mayores flotas de taxis negros de la ciudad.

○ Los *minicabs* suelen ser más baratos que sus competidores negros, pero no se les puede parar por la calle. Hay que llamarlos por teléfono o acudir a una de sus oficinas.

○ No llevan taxímetros, pero trabajan con precios establecidos. Conviene preguntar antes de partir.

○ Apps como Kabbee permiten contratar un *minicab* en menos tiempo y con mejores precios.

Barco

◦ **Thames Clippers** (www.thamesclippers.com) Opera entre Embankment, Waterloo (London Eye), Blackfriars, Bankside (Shakespeare's Globe), London Bridge, Tower Bridge, Canary Wharf, Greenwich, North Greenwich y Woolwich (todas las zonas adulto/niño 9/4,50 £), de 6.55 a 24.00 aprox. (9.29-24.00 sa-do).

◦ **Westminster Passenger Services Association** (www.wpsa.co.uk) Navega entre abril y septiembre desde Westminster Pier (centro de Londres), pasando por Kew y Richmond hasta Hampton Court Palace.

◦ **London Waterbus Company** (www.londonwaterbus.com) Recorridos por el canal entre Camden Lock y Little Venice.

Automóvil y motocicleta

◦ El alto precio del aparcamiento, los atascos, la carestía del combustible y la eficiencia de los guardias de tráfico y de los vigilantes encargados de poner cepos hacen que pocos visitantes opten por el coche.

◦ En el centro de Londres se paga un peaje de 11,50 £/día con el objeto de reducir el tráfico. Más información en https://tfl.gov.uk/modes/driving/congestion-charge.

◦ **Avis** (www.avis.co.uk), **Hertz** (www.hertz.com) y **easyCar** (www.easycar.com) tienen varias oficinas de alquiler en la capital.

◦ Está prohibido usar el teléfono móvil (llamadas o mensajes de texto) mientras se conduce, a menos que se use un dispositivo manos libres.

◦ En el Reino Unido se conduce por la izquierda.

◦ Todos los conductores y pasajeros tienen que llevar cinturón de seguridad y los motociclistas, casco.

Información esencial

Viajeros con discapacidades

◦ Para los viajeros con discapacidades, Londres es una mezcla decepcionante de facilidades por un lado, y desinterés absoluto por el otro. Por ley, los hoteles nuevos y las atracciones turísticas modernas están obligados a ofrecer acceso para silla de ruedas, pero muchos de los edificios históricos, B&B y pensiones son antiguos y su adaptación resulta difícil o muy costosa. Los visitantes con discapacidades visuales, auditivas o cognitivas también encuentran que sus necesidades se cubren solo en parte.

◦ La buena noticia es que, gracias a los Juegos Olímpicos y Paraolímpicos del 2012, y a una junta de turismo con visión de futuro en VisitEngland, la situación mejora constantemente.

◦ Una cuarta parte de las estaciones de metro, la mitad de las suburbanas, la mayoría de los muelles, todas las paradas de tranvía, el Emirates Air Line (teleférico) y todas las estaciones DLR tienen acceso con rampa.

◦ Los usuarios de sillas de ruedas viajan gratis, y los autobuses tienen rampas para facilitar el acceso a la calle.

○ Los taxis negros están habilitados para la sillas de ruedas, pero en el caso de las eléctricas, hay que considerar el espacio y la altura, a veces insuficiente.

○ Los perros guía pueden usar el transporte público, y entrar en hoteles, restaurantes, atracciones, etc.

Horario comercial

Bancos 9.00-17.00 lu-vi

Oficinas de correos 9.00-17.30 lu-vi y 9.00-12.00 sa

'Pubs' y bares 11.00-23.00 (muchos hasta más tarde)

Restaurantes 12.00-14.30 y 18.00-23.00

Tiendas 9.00-19.00 lu-sa, 12.00-18.00 do

Puntos de interés 10.00-18.00

Descuentos

○ **El London Pass** (www.londonpass. com; 1/2/3/6/10 días 62/85/101/139/169 £) ofrece entrada gratis y acceso sin colas a los principales lugares de interés; véase la web.

○ El precio varía si se añade el uso del metro o autobús.

Electricidad

Tipo G
230V/50Hz

Urgencias

○ Hay que marcar el 999 para llamar a la policía, a los bomberos o a una ambulancia en caso de emergencia.

Dinero

○ La divisa del Reino Unido es la libra esterlina (£).

○ Una libra esterlina equivale a 100 peniques (en inglés coloquial "p", pronunciado "pi").

○ Los billetes son de 5, 10, 20 y 50 £ y las monedas, de 1, 2, 5, 10, 20 y 50 p, y de 1 y 2 £.

Cajeros automáticos

○ Se hallan por todas partes. Admiten tarjetas Visa, MasterCard, Cirrus y Maestro y otras menos conocidas.

Informarse es importante

Antes y durante el viaje recomendamos que cualquier información relacionada con la seguridad, la salud, los trámites administrativos, como la expedición de visados, etc., sea verificada con el Ministerio de Asuntos Exteriores del país del viajero. Nuestras guías están actualizadas al cierre de la edición original, pero los cambios políticos, sociales y naturales son cada vez más rápidos e inciertos.

○ Se suele aplicar una comisión al retirar efectivo con tarjetas extranjeras.

○ Los cajeros independientes que cobran 1,50-2 £ por transacción suelen estar dentro de las tiendas (la comisión es más cara para tarjetas extranjeras); búsquense los rótulos "Free cash withdrawals" para evitar suplementos.

Cambio de divisa

○ El mejor sitio para cambiar divisas son las oficinas de correos (sin comisión).

○ Otra opción son algunos bancos de las calles principales, agencias de viajes y las numerosas oficinas de cambio.

Tarjetas de crédito y débito

○ Se aceptan en casi todo Londres, desde restaurantes y bares

Consejos para ahorrar

○ Visitar museos y sitios gratis

○ Comprar una Oyster Card.

○ Tomar el autobús.

hasta tiendas e incluso algunos taxis.

○ American Express y Diner's Club se usan menos que Visa y MasterCard.

○ Cada vez son más comunes las tarjetas y pagos inteligentes: sin *chip*, pin o firma (hay que buscar el símbolo del wifi en tarjetas, tiendas, taxis, autobuses, metro, trenes y otros medios de transporte). Las transacciones se limitan a un máximo de 30 £.

Propinas

○ Muchos restaurantes suman a la cuenta un recargo por servicio (es legal, pero tienen que indicarlo). En los sitios que no lo hagan, se deja un 10-15% de propina, a no ser que servicio haya sido deficiente.

○ No hace falta dejar propina por tomar una pinta de cerveza o una copa de vino en un *pub*.

Festivos

Año Nuevo 1 enero

Viernes Santo finales marzo/abril

Lunes de Pascua finales marzo/abril

Día del Trabajador primer lunes mayo

Spring Bank Holiday último lunes mayo

Summer Bank Holiday último lunes agosto

Navidad 25 diciembre

Boxing Day 26 diciembre

Precauciones

Londres es una ciudad bastante segura; basta con usar el sentido común.

Teléfono

○ Algunos teléfonos públicos admiten monedas, pero la mayoría funcionan con tarjetas telefónicas (disponibles en tiendas, muchas oficinas de correos y algunos quioscos) o de crédito.

○ Las famosas cabinas rojas de British Telecom sobreviven solo en áreas de conservación (sobre todo en Westminster).

Llamadas a Londres

○ El prefijo para el área de Londres es 020, seguido de un número de ocho dígitos que comienza con 7

(centro de Londres),
8 (Gran Londres) o 3
(no geográfico). Si se
llama a Londres desde
otro lugar del Reino
Unido, o desde un
teléfono móvil, hay que
marcar el 020; desde
el extranjero, se marca
el prefijo internacional
del país (00), después
44 (el prefijo del Reino
Unido), seguido de 20
(sin el 0 inicial) y del
número de teléfono de
ocho dígitos.

Llamadas internacionales y tarifas

o Desde muchos
teléfonos públicos se
pueden realizar llama-
das internacionales de
marcación directa (IDD)
a casi cualquier sitio.

o Las tarjetas de
prepago para llamadas
internacionales (5,
10 o 20 £) con pin se
pueden usar desde
cualquier teléfono tras
marcar un número de
acceso especial. Las
venden en muchas
tiendas de barrio y
salen más baratas.

o El uso de Skype o
Whatsapp puede estar
restringido en algunos
albergues por el ruido
y las interferencias en
la banda ancha.

Teléfonos móviles

o El Reino Unido usa la
red GSM 900, que cu-
bre Europa, Australia
y Nueva Zelanda, pero
es incompatible con la
tecnología CDMA de
EE UU y Japón (aun-
que algunos teléfonos
estadounidenses y
japoneses funcionan
en ambas redes).

o Si se dispone de un
teléfono GSM, consúl-
tense al proveedor las
tarifas de *roaming*.

o En general, es mejor
comprar una tarjeta
SIM local en una tien-
da de móviles, pero
para ello es necesario
que el móvil esté
liberado.

Información turística

Visit London (www.
visitlondon.com)
ofrece todo tipo de
información, desde
lugares turísticos y
eventos, hasta circui-
tos y alojamiento. La
ciudad está llena de
puestos de informa-
ción turística, que
también dispensan
mapas y folletos; en
algunos, se puede
incluso reservar en-
tradas para el teatro.

**Heathrow Airport
Tourist Information
Centre** (www.
visitlondon.com/
tag/tourist-informa
tion-centre; metro
de las terminales 1,
2 y 3; 7.30-20.30)
Información sobre el
transporte, aloja-
miento, circuitos, etc.
Venden Oyster Cards,
Travelcards y bonos
de autobús.

Hay otros centros
de información
turística en la esta-
ción King's Cross St
Pancras, la estación
Liverpool St, la
estación de metro
Piccadilly Circus, la
City, Greenwich y la
estación Victoria.

Visados

Inmigrar al Reino
Unido cada vez es
más difícil, sobre
todo para aquellos
que quieren trabajar
o estudiar. Para más
información actualiza-
da, consúltese www.
gov.uk/check-uk-visa
o pregúntese en la
embajada británica
correspondiente.

Entre bastidores

Actualización y sugerencias

Si el lector encuentra cambios en los lugares descritos u otros recién inaugurados, le agradeceremos que escriba a Lonely Planet en www. lonelyplanet.com/contact/guidebook_feedback/new para mejorar la próxima edición. Todos los mensajes se leen, se estudian y se verifican. Quienes escriban verán su nombre reflejado en el capítulo de agradecimientos de la siguiente edición. Determinados fragmentos de la correspondencia de los lectores podrían aparecer en nuevas ediciones de las guías Lonely Planet, en la web de Lonely Planet, así como en la información personalizada. Se ruega a todo aquel que no desee ver publicadas sus cartas ni que figure su nombre que lo haga constar.

Agradecimientos de Damian

Muchas gracias a Ann Harper, Jasmin Tonge, Kevin y Maki Fallows, Rosemary Hadow, Lily Greensmith, Antonia Mavromatidou, Arabella Sneddon, Bill Moran, Jim Peake, a mis coautores, así como a Daisy, Tim y Emma.

Agradecimientos de Peter

Explorar Londres es siempre motivo de alegría, debido en gran parte

Este libro

Esta es la traducción de la 6ª edición de *Pocket London* de Lonely PLanet, coordinada por Damian Harper y escrita por Peter Dragicevich, Steve Fallon, Damian Harper y Emilie Filou. Damian, Peter, Steve y Emilie escribieron también la edición anterior.

Versión en español

GeoPlaneta, que posee los derechos de traducción y distribución de las guías Lonely Planet en los países de habla hispana, ha adaptado para sus lectores los contenidos de este libro. Lonely Planet y GeoPlaneta quieren ofrecer al viajero independiente una selección de títulos en español; esta colaboración incluye, además, la distribución en España de los libros de Lonely Planet en inglés e italiano, así como un sitio web, www.lonelyplanet. es, donde el lector encontrará amplia información de viajes y las opiniones de los viajeros.

Gracias a Imogen Bannister, Laura Crawford, Blaze Hadzik, James Hardy, Liz Heynes, Simon Hoskins, Chris Lee Ack, Jean-Pierre Masclef, Anne Mason, Liam McGrellis, Virginia Moreno, Darren O'Connell, Naomi Parker, Kirsten Rawlings, Wibowo Rusli, Dianne Schallmeiner, Ellie Simpson, John Taufa, Angela Tinson, Saralinda Turner, Juan Winata.

a la compañía de un excelente grupo de amigos, escritores y editores de Lonely Planet en Londres. Mi especial agradecimiento hacia Kurt Crommelin, Rob Carpenter, Tim Benzie, Paul Joseph, Marcus O'Donnell, Suzannah y Oliver de Montfort, Damian Harper, Emilie Filou, Steve Fallon, Tasmin Waby, Brana Vladisavljevic, Anna Tyler y James Smart por su apoyo y compañía.

Agradecimientos de Steve

Muchas gracias a mis coautores Emilie Filou, Damian Harper y Peter Dragicevich por sus consejos y sugerencias en todo el proyecto. Gracias a la ayuda de mis compañeros de Blue Badge Guides (demasiados para nombrarlos a todos), a Lia Lalli en particular. Mi más profunda admiración, gratitud y cariño a mi compañero Michael Rothschild, especialmente en este año en el que sonarán campanas de boda.

Agradecimientos de Emilie

Muchas gracias a mis amigos Catherine, Philippe, Kathleen y Nikki, que formaron parte de la investigación e hicieron que fuera tan divertida. Gracias a mis coautores Steve, Damian y Peter por toda la información compartida. Y finalmente, gracias a mi extraordinario marido Adolfo por su compañía (siempre que pudo) y a nuestra magnífica Miss Dynamite, o Sasha, por recordarme que lo importante son los pequeños placeres.

Reconocimientos

Fotografía de cubierta: Palacio de Westminster, Casas del Parlamento y Big Ben, Olimpio Fantuz/4Corners ©

Fotografías pp. 38-39 (de izq. a dcha.): alice-photo; Alexey Fedorenko; IR Stone / Shutterstock ©; Pitfield Street, Hoxton, Art Thief de STIK, Andy Kirby, mrkirby / 500px ©

Índice

Véanse también los subíndices:

⊗ **Dónde comer p. 219**

⊖ **Dónde beber p. 219**

✪ **Ocio p. 220**

ⓐ **De compras p. 221**

Steve Fallon

Tras 15 años residiendo en el centro de su universo conocido, el este de Londres, Steve rima en *cockney* mientras duerme, toma anguilas en gelatina para desayunar, bebe cubos de cerveza y sale ocasionalmente a bailar. Como es habitual, su trabajo ha sido arduo pero divertido: explorar rutas, visitar puntos de interés, recibir consejos de amigos, colegas o del peculiar taxista, y absorber todo lo que está a la vista. Steve es un London Blue Badge Tourist Guide cualificado.

Emilie Filou

Emilie nació en París, donde vivió hasta los 18 años. Tras su diplomatura de tres años y tres años sabáticos, se encontró a sí misma en Londres, se enamoró del lugar y nunca más se fue. Ahora trabaja como periodista, está especializada en África y viaja a menudo a dicho continente desde su casa en el noreste de Londres. Se puede ver su trabajo en www.emiliefilou.com; twitter @EmilieFilou.

Los autores

Damian Harper

Nacido cerca de The Strand, a tiro de piedra del Bow Bells (famoso campanario de Londres), Damian creció en Notting Hill. En otro tiempo locutor de radio y librero en Shakespeare and Company, Damian lleva escribiendo guías para Lonely Planet desde finales de la década de 1990. Vive en el sur de Londres con su esposa y dos hijos, y con frecuencia viaja a China (su segundo hogar).

Peter Dragicevich

Tras años revisando música y restaurantes para publicaciones en Australia y Nueva Zelanda, Peter sucumbió a las luces brillantes de Londres. Como cualquier kiwi (neozelandés) que se precie, conoció la ciudad mientras se movía entre pisos de amigos hasta que echó raíces en el norte londinense. Hoy vuelve a residir en Auckland, Nueva Zelanda.

geoPlaneta
Av. Diagonal 662-664, 08034 Barcelona
viajeros@lonelyplanet.es
www.geoplaneta.com – www.lonelyplanet.es

Lonely Planet Global Limited
Lonely Planet Global Limited, Digital Depot,
The Digital Hub, Dublín, D08 TCV4, Irlanda
(oficinas en Reino Unido, Australia y Estados Unidos)
www.lonelyplanet.com
Contacta con Lonely Planet en: lonelyplanet.com/contact

Londres
6ª edición en español – febrero del 2019
Traducción de *London*, 6ª edición – octubre del 2018
© Lonely Planet Global Limited

Editorial Planeta, S.A.
Av. Diagonal 662-664, 7º, 08034 Barcelona (España)
Con la autorización para la edición en español de Lonely Planet
Global Ltd A.B.N. 36 005 607 983, Lonely Planet Global Limited,
Digital Depot, The Digital Hub, Dublín D08 TCV4, Irlanda

© Textos y mapas: Lonely Planet, 2018
© Fotografías 2018, según se relaciona en cada imagen
© Edición en español: Editorial Planeta, S.A., 2019
© Traducción del texto incorporado
en esta edición: Nuria Aparicio, 2019

ISBN: 978-84-08-19729-4
Depósito legal: B. 18.040-2018
Impresión y encuadernación: Unigraf
Printed in Spain – Impreso en España

Aunque Lonely Planet, geoPlaneta y sus autores y traductores procuran que la información sea lo más precisa posible, no garantizan la exactitud de los contenidos de este libro, ni aceptan responsabilidad por pérdida, daño físico o contratiempo que pudiera sufrir cualquier persona que lo utilice.